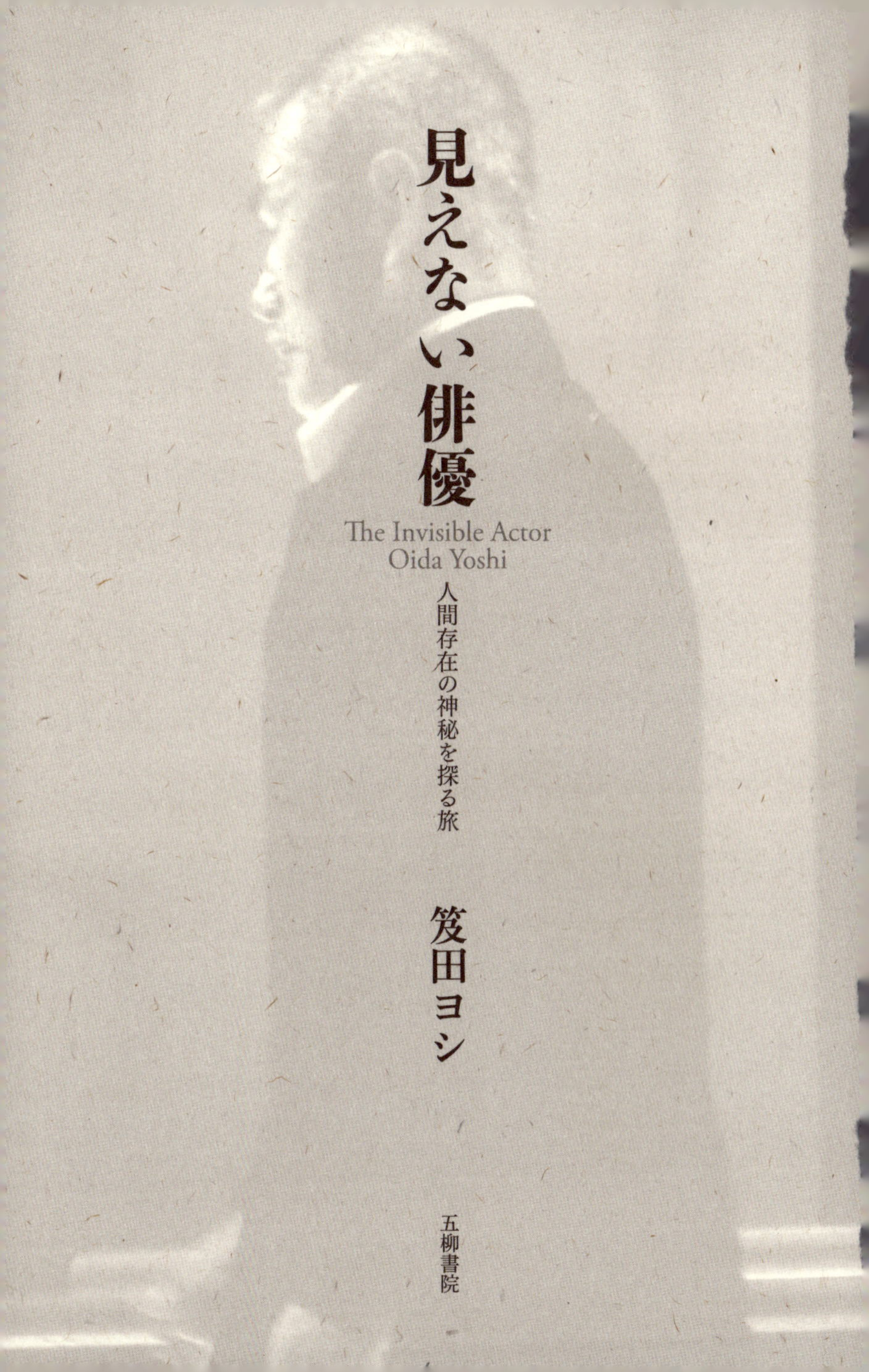

# 見えない俳優

The Invisible Actor
Oida Yoshi

人間存在の神秘を探る旅

笈田ヨシ

五柳書院

# 見えない俳優——人間存在の神秘を探る旅

# はじめに

「理屈を言うな!! 理屈を言うと下手になる!!」師匠はそう言うのが常でした。「習う」ということは師匠のワザを真似て、それを繰り返して師匠の芸に近づくことです。しかし新劇一年生の僕は伝統芸能の演者になるつもりはなかったので、習い事は習い事として、如何に新しい演劇を創るかという議論を仲間達としていました。しかしすぐに気づいた事は、演技は頭だけで出来るものではなく、身体全体を使わねばならないということです。

音楽家の道具は楽器です。画家の道具は筆です。そして我々俳優の道具は身体です。楽器や筆をいくら綺麗に磨いても、使い方に熟練していなければ立派な音楽家や画家に成れません。それと同じように、俳優もいくらお化粧をして、フィットネスに励んだところで名優にはなれません。自分の身体をどう使うかの職人的な訓練が必要なのです。

理屈がわかるのは簡単ですが、身体の訓練は進歩が遅く、一朝一夕で結果が出るものではありません。何年も何十年もかかって少しずつ理解していくのです。未だに「ははあ、そうか。」と気づくことが多く、今まで何もわかっていなかったことに恥じいっております。長年、俳優業をやってきて、身体で考えついたこと、経験したことが沢山あります。誰でも身体を持っていて、お洒落に気をつかいますが、それ以外にはお腹が空いた時とか病気の時以外にはあまり身体のことを意識しません。普通はほって置いても勝手に自分についてくるものと思っているのです。しかし、身体は思いもよらず摩訶不思議なものです。ここで演劇論や演技論を展開する気は有りません。長年にわたる身体との旅を書き綴りました。

# 目次

はじめに　理屈を言うな!!　理屈を言うと　3
Ⅰ　今日は公演日で、舞台に　9
Ⅱ　僕は五感のほかに九穴を持って　13
Ⅲ　劇場に行く道すがら　47
Ⅳ　劇場に着けば、同僚に挨拶をして　65
Ⅴ　舞台に出る前は身体の各部の点検が　77

Ⅵ　開演前に舞台の袖で　119
Ⅶ　小学校に上がる前、僕は忍術映画に夢中で　129
Ⅷ　芝居が終われば、幕が下りて　143
附　二〇一七年のはじめ、僕としては日本で初めてのオペラ演出を　147
あとがき　僕はパリの地下鉄ヴォルテール駅の近くに住んで　164
出版者から読者へ　169
『The Invisible Actor』「序」ピーター・ブルック
『An Actor's Tricks』「序 プディングの証明」ピーター・ブルック

# The Invisible Actor

Oida Yoshi

今日は公演日で、舞台に立たねばなりません。腰の痛いのを我慢して、「ヨイショ」と寝床から起き上がり、まずお湯を沸かして煎茶をすすります。煎茶はコーヒーより味が薄いので、味覚というものに集中出来るのです。

それから蝋燭に火をつけて、炎を見つめます。暫く見つめてから目を閉じると、暗闇の中にその炎の残影が、赤い光の塊となって残っているので、それが消えてなくなるまで、目をつむったまま見続けます。

その光が消えて無くなったら目を開けて、その蝋燭の火でお線香を焚いて、匂いを楽しみます。あまり強い匂いのお線香ではなく、安物のお線香で、その弱い匂いを探す様に楽しむのです。

それから、友達からもらったチベットの鐘をチンと鳴らして、その響きを楽しんで、音が聞こえなくなっても、まだその音があるつもりで響きを追い続けます。

最後に、舌先をそっと上顎に付けます。そうすると、何となく身体全体が感じられて、「身体」が自分に寄り添ってくれているように感じます。これで何とか、僕の五感に朝のご挨拶をしたつもりになるのですが、こんな面倒くさいことをしなくても、もっと簡単な方法で五感に挨拶をする事も出来ます。

十七世紀に、ある禅僧が、七十歳で還俗し、京都で煎茶を売りながら、簡素で清貧な生活をしてこの世を去って行きました。家もなく、お金もなく、身分もなかったけれども、自然を友として、自由に、平和に余生を送られました。こんなアンチ・テクノロジーの生活を過ごした元禅僧の名前は、売茶翁《ばいさおう》と言います。

彼の煎茶の楽しみ方は、まず急須から茶碗にお茶を注ぐ時のチョロチョロという音を楽しみ、次にその茶碗に入った緑茶の色合いを眺め、茶碗を手に取ったときの感覚を愛し、茶の香りを聞《か》ぎ、最後に茶を味わいます。一杯のお茶で五感が楽しめるというわけです。

この方が簡単ですが、俳優としては、朝にもう少し五感をいじくり回したい衝動に駆られるのです。

五感は脳の異なった部分で感じ取るそうで、脳の中には音と色の受信部分が隣り合わせになっているため、その二つが少しくっつき過ぎている場合、音を聞くと色まで見えてしまう人がいるとのことです。

とに角、この五感を研ぎすます事によって、あるか無いかは知りませんが、もし、あるとしたら僕の第六感が開くのではと願っています。

# II

## The Invisible Actor

Oida Yoshi

僕は五感のほかに九穴を持っています。

両目、両耳、鼻孔、口、尿道に肛門です。

これらの穴は言うまでもなく、僕が生きてゆく上で非常に重要な穴ではありますが、尚且つ僕に限りなき喜びを与えてくれる穴でもあります。美味しいものを食べ、美しいものを眺め、絶えなる音楽を聴き、香りを楽しみ、そしてセックスを……。

子供の頃、指をくわえ、鼻くそをほじり、大便を楽しんだのは僕の性的快楽の初期段階でした。女郎が「こより」を作って客の耳垢をほじっている図は、エレガントな快楽の図で、僕も時々自分で耳をほじくって、その快感を楽しんでいます。

これらの穴は俳優にとって非常に重要で、この穴のおかげで演技が出来るのだといっても過言では有りません。

## 「目」

歌舞伎俳優の魅力の一つに「目千両」という言葉があります。それは、役者が見栄を切ったときの、あの目の輝きの素晴らしさを言うのです。観客が俳優を見る時には、まず顔、特に目を見ます。ですから、舞台化粧では何をさしおいても目張りが重要です。「目は口ほどに物を言い」ですから、流し目、伏目、目配せなど、いろいろの演技表現に目を使います。俳優にとって、目は便利な武器なのです。僕は割合に目が大きかったので自慢でしたが、歳を取ると小さくなり、昔の半分ぐらいになってしまいました。耳を引っ張ると目が大きくなるそうですが、つい引っ張るのを忘れます。

日常生活でも相手の目を見れば、相手の気持ちや性格が手に取るように分かります。後ろめたい時には人は目をそらし、気の弱い人は相手を見ずに、あらぬ方向を見て話します。嘘をついたり、自信がない時には目をパチパチと動かします。「目は内面の鏡」と言われる通りです。「みる」には、〈見る〉と、〈観る〉の二通りがあります。目の前にある対象の表面を見るのと、表面を通じて、その奥に潜んでいるある物を感じ取る観方です。

僕が青い色をキャンバスの上に塗ると、見た人はただ「青色」を見るだけでしょう。しかし、立派な絵描きさんがキャンパスの上に青い色を塗り込めると、その青色の奥に、それ以上のものを観る事が出来ます。それは「人生の孤独感」だったり、「精神の純粋さ」だったり「宇宙の偉大さ」だったり、青色以外のイメージが観えて来るのです。そこではもう、表面の青色は問題ではなくなり、その背後にある何かが現れているのです。この様に見えるものを通じて見えないものを表現出来る人を芸術家というのだと思います。

写真を見たときに、我々はその線と色からインフォメーションを得て、それが何であるかを頭脳の中で分析し、それが海であったり、山であったり、茶碗である事を「理解」します。それから、もう一歩進んで、たとえば死んだ父親の顔だと判ると、懐かしさがこみ上げて来たり、家族揃ってのヴァケーションだとわかると、その時の楽しさが思い出されて幸福な気持ちになります。これは理解することによって得られる「情」です。しかし、それとは別に、「理解」とか「情」とかに関係なく、ただ「美しい」と感じて感動する場合が有ります。この理屈では説明出来ない「感動」と言うものは一体何処から来るのでしょうか。これも「情」と同じように、頭脳の知的理解から湧き出てくるものなのでしょうか。それとも体のどこかに頭脳とは別の知覚があって、その知覚がこうした心の動きを起こさせるのでしょうか。動物にも、この美しいと思う感覚があるのでしょうか。とにかく見ることによって、「情」とか「感」を得ることができます。

また見る事はそのものを見るのではなく、思考の操作によって他の物を見ている場合も有ります。

ある生徒が一幅の掛け軸を持って先生宅を訪れました。「先生、本当にお世話になりました。素晴らしいことをたくさん教えて頂き、深く感謝しております。先生のご恩は決して忘れません。そのお礼に、我が家に先祖代々、家宝として伝わっている、名人の描いた掛け軸を持ってきました。どうか私の感謝の証として、お受け取りくださいませ。私には絵の値打ちなどわかりません。先生のような目利きの方に持って頂いて、床の間に掛けて頂いた方が、この絵にとって幸せではないかと思います。どうか、宜しくお願い申し上げます。」

先生はその絵を受け取り、早速床の間に掛けたので、生徒は大変幸せそうにして、帰っていきました。それから数日して、骨董屋が先生のところへやってきて、その床の間の掛け軸を見るなり、「誠に申し上げにくいのですが、先生は騙されました。これは偽物です。おたくの床の間に掛ける値打ちはありません」と言うと、先生はにっこり微笑んで答えました。「それはわかっておりました。けれども、私は有名な画家の絵を掛けているつもりはありません。私の生徒の真心をかけているのです。この絵が偽物でも、彼の気持ちは本物です。」

この様に人間は観念だけで、ものを見ている場合があります。演劇に於いても、芝居の筋を乗り越えてそれ以外のものを見せる事が出来ます。

義太夫節は昔、「唸り節」で如何に大声が出せるかが太夫の良し悪しの尺度でした。近代義太夫節の名人といわれる故豊竹《とよたけ》山城少掾《やましろのしょうじょう》は声量がなかったので、それをカバーする為にリアリズム演劇のように、いろいろと各役の性格、心理を細かく表現することに重きをおきました。その表現方法が明治時代のインテリ学生達に好まれて、沢山のファンができました。その性格表現による義太夫の語り口が、それ以後の太夫に引き継がれ、先代の綱大夫とか越路大夫が名人といわれました。その流儀が未だに義太夫語りの大きな流れの一つになっています。

しかし僕が思うに、文楽の話の筋はメロドラマに近く、あまり性格描写にこだわり過ぎると、まるでテレビドラマを見ているようで、知的な感動というものが薄れていくように感じます。片や一方で、若太夫という名人がいました。彼はほとんど目が見えず、義太夫本を広げてはいましたが、文字は見えなかった様です。彼の語り口は、力で押し続け、一本調子のような語り口でしたが、その語り口を聞いているうちにメロドラマの話を通り越して、人間の生命力の永遠性、人間の存在と宇宙とのつながりなどが感じられ、話の筋よりも、もっと大きな喜びを感じる事ができました。

それと似たようなことを、能楽でも感じたことがあります。能楽の名人の一人、観世寿夫は生前、リアリズムに近い人物描写が巧みで、形式にがんじがらめにされた能楽に新風を吹き込み、多くの学生が彼の演能を見るようになりました。彼の場合も人間表現が巧みで、わかりやすい能になりましたが、うまくやればやるほど、話のすじが良く理解できて、結果としてはテレビドラマと似た様な印象を受けてしまいました。ところが彼がパリで「砧」を演じた時には、物語以上の人間の美しさ、神秘、奇怪さを感じたので、後になって「あの時はとても素晴らしいと思いましたが、どういう心持ちで演じられたのでしょうか」と尋ねますと、彼の答は、「パリではお客は言葉も分からないから、役の真理よりもただ能の型にだけ集中していました」ということでした。

観客の観念にまで響く芝居づくりが理想ですが、そこにいたる道は定かではありません。

目は二つ有りますが、それ以外にいわゆる「第三の目」という目も有ります。

「今朝、起きて最初に何をしましたか？」と質問されると、先ず今朝起きた時の光景が頭の中に浮かんで来ます。

そしてそのイメージを見ながら、「まず服を着て、顔を洗って、お茶を飲んで、パンをかじって家を出ました。」と答えますが、それは説明する前に、その状態をイメージとして頭の中に描いて、それを言葉に移して相手に伝えています。そのイメージは、ちょうど頭のなかのテレビの画像を見るようなもので、そのテレビのあり場所は眉間の裏あたりです。

平生、僕はある事を説明する時に、まず眉間の裏にその状況を浮かべて、その状況を見ながら、それを言葉に移してしゃべっています。

ですから舞台で台詞をいう時も、ただ台本に書かれた言葉を並べるだけでなく、その言葉を喋る前にその言葉の光景をまず眉間の裏に浮かべ、それを見ながら台詞を喋るように心がけています。そうすれば日常生活と同じ様なリアルな台詞回しが出来ると思うのです。

目の前にあることだけではなく、実際に存在しないものや、遠く離れたところで起こっていることを観たり、未来に何が起こるかが観える霊感者もいますが、やはりその人達も第三の目でそれを観ているのでしょう。

この第三の目は、仏像にも表現されていて、仏像の眉間には必ず丸いポッチリが付いています。ヒンズー教の信者さんはここに赤い印を付けているので、「どうしてですか」と友人のスワミに聞いた事がありますが、笑って、答えてはくれませんでした。察するに、その訳はこの世には見える世界だけでなく、もう一つの、見えない世界も存在しているということを認識し、それをいつも忘れずに真実を探求せよ、と自分に言い聞かせるための戒めだと思っています。

仏教では「内観」という言葉があります。自分の考えていること、又は行動したことを反省するのではなくて、自分の奥にある今まで気がつかなかったことを観ようとする行為です。「観自在菩薩」と言う仏様の像がありますが、それはつまり「自分の内を観ればそこには菩薩が居る」ことを表した像だと僕は解釈しています。ついでに菩薩とは真実の幸福を求める人、悟りを求める人という意味です。

ある国家神道の神官が「身体の中心はお臍、魂の中心は眉間である。魂の大きさは身体の二倍の大きさで、従って魂の目の位置は実際の目よりも倍の高さの所にある。」と仰しゃいました。つまり魂の目の位置は地上三メートルぐらいの所にあると言うのです。

通称「チベットの死者の書」と呼ばれているチベット密教のお経が有ります。それは死ぬ寸前、または死んだばかりのときに、死んだらどういう事が起こるか、そして、それにどの様に対処して、死後の旅を続けて行くかという道標を、僧侶が死者の耳元に囁くようにして唱えるお経です。そのお経によると、我々が死ぬと、天井の辺りから自分の死体を眺め、家族が嘆き悲しんでいるのを、不思議に思って眺めているという一節があります。その目の位置は天井と有りますから、成程、三メートル位の高さです。また、交通事故などで仮死状態に陥って数時間後に生き返った人々の体験談を読むと、やはり自分の身体を天井のあたりから眺めていたという告白が多々見受けられます。瞑想をしていて、自分の姿を俯瞰で見ることもあると言う人がいます。見ると言う行為は実際の目の位置に留まらず、もっと高い所からも観えるという事らしいです。

大蔵流の家元、大蔵弥右衛門師匠に「離見の見を体得しなさい」と教えられました。世阿弥の著書『花伝書』に、「離見の見」という言葉があります。

演技をするときに、自分が演じている有様を、離れた所から見る目を養えという教えです。演技をしている最中に、えてして、その役の感情や行動にのめり込んでしまって、冷静に自分の演技を眺める余裕がなくなるのです。その時に、その役の感情を失わずに、なおかつ冷静に自分のやっていることを観察する目を養えと言う意味ですが、これは大変に難しい事です。自分の内部から見るのではなくて、離れたところからその演技を見なければならないのです。自分では名演技をしているつもりが、後でその演技をビデオで見て「こんなはずはない」と愕然とすることがよくあります。

ある歌舞伎役者が言いました。「あの役者がお前より上手いと思うならば、その役者はお前よりもずっと上手い。お前と同じぐらいの腕だと思う役者がいれば、その役者はやはりお前より上手い。お前より下手だと思う役者がいれば、その役者はお前と同じぐらいの腕前だ。」つまり役者は自分の演技を冷静に見ることが出来ず、自分を実力以上に評価したがるものなのです。

自分を見る「見《ケン》」を体得するのは生易しい事では有りません。特に即興を演っている最中には、瞬間、瞬間に自分の次に演ることを考えなければなりませんから、もう自分の演ることを冷静に外から眺める余裕など、とてもありません。

あまり自分の演じている事を観察しすぎると、その役の生活感や感情がお留守になってしまって、機械的な、冷めきった演技になってしまいます。かといって、自分の役の心持ちに埋没し過ぎてしまうと、主観だけになり、独りよがりな演技になってしまいます。感情がいっぱい詰まっていて、なおかつそれを冷静に見つめられるという両方を同時に出来る演技などは至難の業です。

それでも、たまには、自分の役の気持ちを十分に演じながら、それでも離れて、それを観察出来た瞬間がありました。「離見の見」の発見です。そこでわかったことは、「離見の見」とは観客のところから見る目だと思っていましたが、実はその目は自分の前面に有るのではなく、自分の後ろの、斜め上に有るという事です。そのことを師匠に告げると、「そうです。仏像や偉いお坊さんの頭の後ろに後光が描かれているでしょう。それが離見の見の目なのです。」

つまりオーラと言われている、はっきりとは見えない人間の輝きと同じ物らしいのです。昔の絵描きや彫刻師は、どうしてその後光を発見したのでしょうか。実際に聖人を見て、頭の後ろに光が有るのを見たのでしょうか。しかしこの「離見の見」を捉えられたとしても、それが完璧な演技だとは言えないと思うのです。もっと奥へ進めて行き、主観と客観を乗り越えて無心状態の演技ができたとき、初めて舞台で自由を獲得したと言えるのではないかと思っています。

## ［ 鼻 ］

自慢する時に「鼻を高くする」と言うように、日本人は鼻が高いことを良しとして来ました。猿から大きく進化していると思われたいからでしょうか。役者にとっても鼻高は長所とされているようで、メーキャップをする時には先ず鼻筋を立てる事から始めます。鼻筋の上を白くして、その両横に影を入れますが、それだけでは足りなくて、付け鼻をしたり、整形手術をして舞台映えするように努力する俳優も居ます。

フランスに『シラノ・ド・ベルジュラック』と言う有名な芝居があります。彼は知性の優れた武人であり、なおかつ詩人でも有るけれど、鼻が高すぎたばっかりに、自分が醜いというコンプレックスに悩まされ、恋する女性に愛の告白も出来ずに寂しい一生を送ります。

白人社会では鼻が高過ぎて悩む人が結構います。そして沢山の人が鼻を削る手術をしているのです。まさに「所変われば品変わる」です。この日本と西洋の評価の違いを考えると、良いか悪いかは相対的なもので、絶対的な「是」というものは無いのだと思えるのです。

それについて、子供時代の思い出が有ります。

僕は紙芝居が大好きで、拍子木を叩きながら、紙芝居屋さんが来ると、飛んで行って米で作った飴棒を買い、「のらくろ」の話などを楽しんだものです。あげくの果てには自分も紙芝居屋さんになりたくて、デパートのおもちゃ売り場で家庭用紙芝居を買ってもらって、家でみんなにその紙芝居を見せて大得意でした。なかでも特に気にいった、今でも鮮明に覚えているお話が「一つ目小僧」です。

ある時、ある男がお金儲けをしたくて、見せ物小屋を作ることを思いつきました。その見世物小屋にお客を集める為には、なにか珍しい見せ物が必要です。そこで考えついたのが一つ目小僧を見つけてきて、それを見世物にするというアイデアでした。

「さぁいらっしゃい、いらっしゃい。世にもめずらしい一つ目小僧、お代は見てのお帰り!」

この名案を実現する為には勿論、本物の一つ目小僧が必要です。そこで一つ目小僧を見つける為に長い旅に出掛け、幸運にも彼は一つ目小僧ばかりが住んでいる、ある村にたどり着きました。そこでどの一つ目小僧を連れて帰ろうかと品定めをしていると、大勢の一つ目小僧がやってきて、反対に彼は捕まって縛り上げられました。一つ目小僧達は彼を見世物小屋に連れて行って、彼を見世物にしたのです。

「さぁいらっしゃい、いらっしゃい。世にもめずらしい二つ目小僧、お代は見てのお帰り!」

この話が幼心に深く印象に残り、今でも忘れられないのです。

何が正常で何が正常でないかということは、相対的なもので、多数決で決められるのです。幼心ながらに「絶対的な正常、絶対的に正しいと言うものはない」と気づきました。其の時の印象が、今になって大きく広がり、自分の演劇においても、絶対的に正しい選択など無い、演劇とは

「何でもあり」だと確信するようになりました。

呼吸は口でするのでしょうか、鼻でするのでしょうか。普通は鼻で吸って、口から吐くのが良いとされています。手足は意識しないと動きませんが、心臓や肺は勝手に動いていて、こちらの意思で止めたり動かしたりする事は出来ません。

しかし呼吸だけは特別で、普通、無意識で呼吸をしていますが、望めば意識して止めたり、速めたりすることも出来ます。呼吸は意識と無意識の間を自由に行き来することのできる唯一の器官です。

日常、平穏な時には、呼吸はゆっくりとしていますが、激しい運動をした時や、興奮したり心配すると、速くなったり、止まったりします。僕は舞台に出る前に、これからお客さんの前で演じるのだと思うと、不安や野心で胸がドキドキして息苦しく成ります。その時には心を落ち着かせる為に、平静な時の息使いを真似て、深く、ゆっくりと呼吸をします。するとドキドキが少し和らぐのです。自分に「落ち着け、心配するな、大丈夫だ。」などと言い聞かせるよりも、呼吸のコントロールの方が簡単で、より効果的です。呼吸は細かく刻む様に速くするよりも、ゆっくりとする方が気分的にも快適です。「長息は長生きに通じる」と言われています。

いろいろの呼吸法を試してみました。

鼻孔の右から吸って左から吐き、次は左から吸って右から吐いたり、息を深く吸って、口から細かく刻んで吐き出すというヨガのエクササイズはやってみましたが、その効果はあまり感じませんでした。でもインドの伝統的なエクササイズですから、続けると何か素晴らしい効果があるのでしょう。

又、「光の循環」といって、息を吸う時に、光の玉が尾骶骨から背骨を登って頭の天辺まで登り、第三の目の所まで来るとそこで止めて、息を吐く時には、その光の玉が眉間から口元、喉元、胸元を通って臍下まで降りると想像する、ヨガのエクササイズがあります。

太極拳や氣功でも同じような呼吸法をします。空気を土の下から吸って、それが足から背中を通って頭まで登り、吐く息は眉間から鼻、口、胸、丹田を通って土の中まで入って行くと想像する呼吸法です。これは毎日やると自分の神経の経路と仲良くなって、神経をコントロールしているような気持ちになります。エネルギーを尾骶骨から汲み上げて、インドのヨガで言われるところのチャクラ、神経のステーションを目覚めさせるのです。このステーションは後で説明しますが、俳優にとってまことに重要なステーションでもあります。

「普通の人は胸で息をし、偉い人は腹で息をし、武道家や俳優の名人は 足で息をする。」と言われています。

役者は熟練して来ると「舞台の板につく」と言われる様に、うわずった風情が消えて、なにか下の方に「ずっしり」と降りている印象を受けるものです。長年舞台に乗っていると舞台に居る事が自然な感じに成って来るのです。多分無意識に足で呼吸しているのかも知れません。

ある時、面白い経験をしました。新進のソプラノ歌手と仕事をした時、彼女は歌は非常に上手いのですが、舞台に立たせると如何にも素人臭く、サマにならないのです。そこで考えた末に「舞台の板を足で摑むようにして歩いてごらん」と注文を出しました。まさに「板につく」の実践です。その歌手は非常な努力家で、稽古中のみならず、町を歩く時もずっと足で道を摑む様に歩いていたそうです。その結果、一ヵ月後に公演が始まった時には誰よりも一番素晴らしい舞台姿を見せてくれました。この足で地を摑むと言うのは、武道でも同じだと聞いて居ります。

「あ」という想像の音を臍から入れて「うん」という音を全身の毛穴から出し、反対に「うん」という想像の音を臍から入れて「あ」という音を毛穴全体から出すという呼吸法もやってみました。この呼吸法をすると、頭に集中しすぎている意識が体全体に広がって、身体の存在を明確に感じ取る事ができます。俳優は体全体で演技しなければなりませんから、この呼吸法は有用です。

禅の呼吸法も試してみました。あぐらをかいて、数息観《すうそくかん》つまり一から十までを呼吸に沿って数え、十まで来るとまた一に戻り、それを繰り返すのです。目をつむって、この方法で瞑想していると、気がついたら数字が十を過ぎても初めに戻らず、五十位まで呼吸を数えていたので笑ってしまいました。

スターのオーラが出るようにと、サムライの呼吸法を試したこともあります。黄金の塔のてっぺんに座っていると信じて、自分の身体から黄金の光を発していると想像しながら、「天照大神、天照大神」と唱えるのです。これは昔、偉大なサムライ将軍になるためのエクササイズだったそうです。

死んでいる時には、息は止まっていて、寝ている時には、息を吸ったり、吐いたりします。起きている時には吸って吐いて、そして時にはふっと息を止めるのです。「えぇっ!?」とか「あれっ!?」とか、「ハッ」とする瞬間に息が止まります。「驚いて息が止まるかと思った」という表現がある通りです。

俳優にとっても、この息づかいが大変重要で、生活をリアルに表現するためには、息を止める瞬間を作る必要があります。「間」の良い演技というものは、「息遣い」の上手下手に掛かっているのです。

また、言葉と言葉のあいだ、動きと動きとのあいだ、ないしは動きと台詞のあいだにも、息をしない「間」を作る必要があります。そこはゼロになるのではなくて、台詞を言ったり動きをするときと同じくらい重要な瞬間で、大きな集中力が必要です。

西洋の音楽では、音が無いときは音楽が無いと思われがちですが、能楽などでは、音が無いときも、それが音楽であると捉えています。

義太夫を稽古している時に、人物が思いつめた時や、絶望した瞬間に間を置きますが、その時、師匠から「いき吸うたらあかん‼」とよく叱られました。そういう時には息を止め、少し間を置いて、その後、早く息を吸って次の台詞を発します。そうすると、次の言葉に迫力が出るのです。

能の演技でも重要な瞬間には息を止めます。立ち上がる時に息を止めるのは、人物が何かを始めようとする緊張感を表現するためでしょう。昔、能の役者がよく演能中に舞台で心臓麻痺を起こして死んだそうです。これは息を詰める演技方法の為かと思われます。でも舞台で死ねれば役者冥利に尽きますが、僕は未だに生きているところを見れば、舞台での気張り方が足りないのかもしれません。

犬ほどではないけれど、我々にとって匂いは生活の一部を占めています。しかし「鼻がきく」「嗅ぎ分ける」という言葉があるように、本当にある匂いを嗅ぐのではなく、何か存在しない物事を推察するときにもこの言葉が使われます。「キナ臭い」ということは、鼻には物事を「推察」する能力が有るという事なのでしょう。

「目から鼻に抜けた様な賢い人」と言いますから、鼻の奥、両目の内側と交わる所に、特別思考のステーションが有るらしいのです。そこにじっと思いを寄せて、真実を推察しようとします。

舌先で上の前歯の裏をそっと触ると鼻の奥でツンと感じるところがありますが、その場所が「鼻を効かせる」場所です。

アフリカの宗教的なダンスでは口を開けて踊ってはならず、呼吸は鼻からだけにします。その理由は口を塞ぐ事によって、集中力が鼻の奥に行って、其処で霊的な体験をする為だと思われます。思考を停止して、真理を探ろうとする集中力が無くなると、「口あんぐり」とか、「あいた口がふさがらない」とか、「唖然とした」状態になります。

## 【口】

口の入りぐちには唇があり、口の中には舌と歯が有ります。俳優は演技をする時、口をへの字に曲げたり、尖んがらせたり、くやしがって舌を噛んだりと、口でいろんな感情を表現します。

人間の大人の歯は、上下合わせて三十二本あります。その内訳は、野菜を噛む前歯八本、肉を噛む糸切り歯四本、穀物を噛む奥歯二十本。食事をするときに、その各歯の割合、四対、二対、十対に従って、野菜、肉、穀物を食べるのが、一番自然な食事法だとも言われています。僕は四十歳の頃から肉を食べていないので、糸切り歯は使っていません。

声は口から出る物ではなくて、のど笛を響かして、その振動を身体全体から音として発します。しかし、言葉の場合は唇の格好を変えることによって、異なった母音を作り、それに舌と唇の変化を加えて、いろいろな子音を形成します。

唇を開かない場合、音はムです。くちをパックリと開けると「ア」になり、赤ん坊が最初に発する音はこのアーで、其処から作る言葉は「ムアムア」です。つまり、それはマンマ－食べ物と、ママ－お母さんを意味します。赤ん坊はお母さんのおっぱいから食べ物をもらいます。もう少し知能が発達すると「イー」という意地悪口を覚え、甘えん坊は泣けばエー、驚けばオーという母音を発する様になります。

密教の「阿字観《アジカン》」という修行法を試した事があります。「ア」という凡字を前にして瞑想するのです。「ア字の国から生まれてア字の国に帰る」。生まれた時に発する汚れのない「ア」は純粋な心の現れで、歳を取るに従って、人生の垢がつき、「ア」は不純なものになっていきます。ですから死ぬ時には、どうにかして、またもう一度、赤ん坊の時に「ア」と発した、あの純粋な心持ちを取り戻して、死んでいきたいという考えらしいです。舞台では幼い子供や、動物が舞台に出てくると観客の目はそっちにいってしまい、名優もそれにはかないません。「動物や子供と一緒の舞台に出るな！　食われてしまうぞ。」と言うのは先輩の助言です。純粋なものは、それほど美しいのです。僕も歳をとったから、なるべく舞台で動物のように無心で居たいと思っています。

国家神道では、アは真上つまり「天」に通じる音、オは斜め上つまり「空」に伸びて行く音、エは前方つまり「地平線」の少し下ぐらい、イは下つまり「地球の中心」の方に降りて行く音と言われています。自分の内面の存在を確認する「ム」の音から始まって、この四つの母音に向かって上下にひろがり、宇宙と交信するのです。

神は「KアMイ」つまり「天と地」。アーメンは「アアMエM」即ち「天と地平線」。ロシア正教のアーミンは「アアMイM」で「天と地」です。ユダヤ教やキリスト教では神の名をイェホバと言いますが、それは「イエHオBア」「地中、地平線、空、天」の音です。海岸や森で「アオエイウー」とか「イエオアー」と大声で発声すると、なんともいい気持ちです。

真言密教ではマントラ「真言」を唱えて瞑想します。言葉には情報の交換だけでなく、そのエネルギーで宇宙と自分を変えるマジックがあるそうです。しかし現代では、だんだんと言葉のエネルギーが薄らいできて、言葉が情報交換の役目だけに使われるようになっています。

ある神道の神官は、「この世は音霊（オトダマ）と、言霊（コトダマ）と、数霊（カズタマ）で出来ている」と仰しゃいました。この三霊にはエネルギーがあって、そのエネルギーによって、この世が形成されていると言う意味だそうです。

## 音霊（オトダマ）

音の響きによって、全ての現象がおこっているということです。音楽によって気分が癒されたり、神経病で全く動けない患者さんも、音楽を聴けば踊り始めるというのはよく知られています。植物の成長も音楽によって早まるそうです。

音で神と交信する儀式も沢山有ります。

神道では、大木や岩の上へ神様に降りていただいて、其処で祈願の祝詞を唱え、願いの儀式を行うわけですが、その時神様に降りていただくために「オー」という声を出します。また儀式が終わり神様をお送りする時も、違った「オー」の音でお送りするのです。建築現場での工事安全の祈願などもこのたぐいです。 春日若宮おん祭では、その日の前夜に沢山の神官が「オーオー」と言いながら、神社内からおん祭の祭場に神様をお連れして、また二十四時間後には「オー」と言いながら、神様を神社にお運びします。

声の代わりに石笛を吹く場合もあります。石笛は日本で一番古い楽器と言われていて、海岸にある石が潮にさらされて穴があき、風が吹くと、その穴に風が当たって「ひゅーっ」という音を出します。神様を呼ぶ楽器として、そのような石を大昔に使い始めたと言われています。

三島由紀夫の小説『英霊の声』には、英霊を呼ぶ時に石笛を吹く、という事が書かれています。これは三輪神社で学ばれた、とそこの神官が仰しゃっていました。

アフリカでは「祝辞」「弔辞」に太鼓の音を捧げます。

人を持ち上げる時に、その相手が大声でアーと言った場合とイーと言った場合では、其の人の重さが違います。イーと言った場合の方が持ち上げにくいのです。相手が「アー」と言って天に向かうエネルギーを出すと持ち上げやすいのですが、「イー」という地に向かうエネルギーを出すと、持ち上げようとするこちらの意思と相反しますから、持ち上げにくくなるのです。

**言霊（コトダマ）**

いわゆる「おまじない」の言葉です。宗教の念仏やマントラも言霊の一種だと思われます。その言葉を繰り返し唱える事によって力が湧き出て、自分の内面や、世間を変える事が出来ると考えられているのです。言葉は情報を伝達するだけでなく、言葉自体にエネルギーがあり、マジックがあるという事です。

何か力仕事をする時に、「エイ・ヤー」とか「ソウリャ」と気合いをかけるのも、楽に仕事が出来るように言霊の力を借りているのでしょう。

日常生活において声を出す事により体の健康状態、思考、感情が変ります。よく笑うことは健康に良いと言われています。「笑う門には福来たる」です。草臥《くたび》れた時には「ああ！　どっこいしょ」と言えば、疲れが和らぎます。腹が立てば「コンチクショウ！　馬鹿野郎！」と叫べば怒りは少しおさまりますし、「わあ、わあー」と泣けば気分が晴れます。声は幸せの妙薬です。これもある種の言霊ではないかと思われます。

**数霊（カズタマ）**

数字とかかわることによって、宇宙や運命を理解する事ができるという考え方です。四柱推命、生年月日など数字による運命論のすべては数霊によるものでしょう。神社の建築は一定の定められた数字によって建てられているそうです。

頭脳に関する本で、自閉症の双生児について読んだことが有ります。そのアメリカ人の兄弟は素数を言い合って遊ぶのだそうです。彼らは、一桁二桁ではなくて、莫大な桁の素数も言い当てることが出来るのです。神経科の医師が誤ってマッチ箱を机から落とし、バラバラとマッチの軸が床に散らばると、双子は即座に、それが何本落ちたかを言いあてました。あとで医師が落としたマッチの本数を数えると、成程それは正しい数字だったそうです。この双子の一人が、テレビのドキュメンタリー番組に出た時の録画もみた事が有ります。司会者が「何年何月何日の天気は」と尋ねると、「朝のうちは晴れ、のち雨」などと答えます。その日の記録を調べてみると、その通りなのです。又、莫大な数字の掛け算も短時間ですることができます。しかし「2＋7は」と聞かれると「11」と答えたりもします。彼は質問の答えを探す時に、頭で暗算しているのではなく、何か宙を見ているようで、まるで全ての数字の答えが宇宙に存在していて、それを眺めているかのような風情なのです。双子はその後引き離されて別々に暮らし、掃除などをして小遣い稼ぎが出来るようになりましたが、その反面、数字のマジックが出来なくなってしまったそうです。普通の人でも子供時代に数学がすごく良く出来たのに、大きくなるとその能力がなくなってしまったというケースをしばしば聞いたことが有ります。

そこで思うのは、数字というものは頭の中で構築していく人間の頭脳による産物ではなく、宇宙にその論理がすでに存在しているのではないかという事です。

## ［ 耳 ］

俳優にとって「聞く」と言う事は大変重要です。いくら稽古に励んでも、結局は観客の反応を聞くまでは、どう演技すれば良いのか分からないものです。舞台で演じると言う事は稽古中に決めたことを観客の前でただ再現して見せることではなく、稽古中に発見した材料を出発点として、観客の前で其の日だけの何か新しいものを作って行くのです。

観客は自分の演技の良し悪しを知る鏡です。稽古で完成品を作るのではなく、観客の前でどう演技すれば良いのかを発見する踏み台を作ります。そして舞台に出て、その踏み台に乗って観客の心持ちを聞きながらその日の良い演技を見つけていくのです。

歌舞伎の場合には大向こうから「待ってました！」「大統領！」などという声が聞こえますから、出来具合は観客の掛け声から判断できます。もっともこの頃はその掛け声を商売として、役者から「心付け」をもらって、良くても悪くても「大当たり！」と声をかける商売もあるそうですが。しかし僕の演っている様な演劇では観客席からの掛け声はありませんから、自分の演技の良し悪しは観客の声なき声から聞き分けられるように訓練しなければなりません。観客の息づかいや咳払いを聞くと、自分の演じている事が良いか悪いかを判断することが出来ます。

客席がシーンとしているのは舞台に引き込まれているからか、其れとも興味をなくして他の事を考えているからかです。客が舞台に集中していれば咳払いをしません。咳払いが聞こえてくると、「ああ、お客はあまり気を入れて観てくれていないのだな」と思ってしまいます。でも冬に風邪が流行っている時や、劇場が乾燥し過ぎている時は別です。兎に角、咳払いされるのはやはり役者殺しです。

世阿弥の『花伝書』には、観客が何となく沈んで「陰」の時には、演技は「陽」つまり晴れやかな感じで演じる事。反対に観客がはしゃぎ過ぎて、ざわついている「陽」の時には、それを沈めて演能をじっくりと見てもらう為に「陰」で演じろとあります。それにはお客の雰囲気を聞き取ることが大切です。僕はいつも舞台に登場する前に観客を観察して自分がどう登場して、どう芝居を続けていけば良いかを考えます。

他人の言う事に対して「聞く耳」を持つには、まず第一に自分の中を空っぽにする必要があります。自分の中が詰まりすぎると聞きたい事しか聞こえてこないので、重要な事を聞き漏らしてしまいます。世の中に大事な事がたくさん起こっているのに、自分の考えで心がいっぱいになっていて周りで起こっていることに充分「耳を傾け」ていないのです。勿論ここで「聞く」ということは、実際に音がするものだけでなく、音のしないことをも含めてです。

世阿弥が言うように、お客の雰囲気を聞くと同時に、相手役の台詞回しも、充分に注意深く聞く必要があります。芝居は自分独りで演じるものではなく、相手役とのやりとりの巧みさで芝居を面白くするのです。上手い漫才師のやりとりのイキは、相手の言葉をよく聞いて快適なリズムを作っているからです。

演出家や、相手役の助言をよく聞くことも大切です。ダメ出しをされると侮辱されたように感じて不機嫌になる役者も居ますが、僕は周りの人に感想を聞きまくります。「他人の意見を聞くのは自分のやっている事に自信がないからだ」と軽蔑されますが、僕はダメ出しをもらう事によって自分の演技が良くなるヒントが得られると信じています。出来るだけ多くの人から沢山のダメだしを貰えれば、それだけ自分が得をするのです。勿論言われた事を全部鵜呑みにするわけではなく、自分が納得出来る部分を取捨選択して演技の肥やしにすればいいのです。ダメ出しが多ければ多いほど選択肢が増えて、良い結果が出ます。

俳優は言葉を正しく、美しく、明瞭に喋らなければなりません。日本語で芝居する時も勿論ですが、外国語で演技する時にはこれがもっと難しくなります。子供は人の話を耳から聞いて、その真似をして言語を覚えます。僕もたぶんそうだったはずですが、外国語は直接耳から聞くチャンスがなかったので、字を通して目から学びました。だからいまだに外人の話をうまく聞き取れず、外国語を上手く話せません。子供時代と違って、聞く能力が鈍っているからでしょう。オペラ歌手は概して外国語の発音が上手ですが、それは音を聞き取る能力が優れているからだと思います。

僕がいつまでたっても、ひどいフランス語を喋るので、パリのプロダクション事務所が、僕を発音矯正の学校へ送り込みました。「テレラング」という言語学校です。

そこでまず、聞く能力のテストをされました。

音程の違うピーと言う音を聞かされて、音が聞こえてくると手を挙げます。左右別々に調べられて、その結果、判ったことは、僕はドイツ語とロシア語の音は聞き取れるけれども、英語、フランス語、イタリア語の音を聞き取る能力がないとのことでした。子供の時から日本語の音だけを聞いていて、それらの国の言語の音を聞き取る能力が発達しなかったのでしょう。そして、その学校の人がいうには、通常、黄色のアジア人は、言語を右の脳、つまり音楽、イメージ、動きを感知する右脳に入れているとのこと。反対にヨーロッパの人は、言語を数字や論理を立てる左脳にいれているのだそうです。成程、僕を含めて多くの日本人は電話の受話器を左耳に当てます。つまり左耳で聞いた方が右脳に直接伝わるから聞きやすいのです。反対に白人は右耳に受話器を当てる人が多いようです。それは言語が直接左脳に速く到達するからでしょう。そこで僕はフランス語を右耳でたっぷりと聞かされました。眠っていても良くて、一時間右脳で聞き続けて、言語感覚を右から左の脳へ移すということでした。

その結果、確かに発音が少しはマシにはなりました。もっと続ければ、もっと良くなったのかも知れませんが、根気がなくて続けなかったので、未だに発音のまずい英語やフランス語を喋っています。

人からよくお前は何語で考えているのかと質問されます。しかし考えるのは言語ではなくて、イメージだと思います。もしも思考が言語によるものならば、犬や猫には思考がないはずですが、犬や猫にも思考はあると思います。僕の場合は、何か考えを説明する時には、まずあるイメージが浮かび、そのイメージを言語化しています。その時、何語に言語化するかは話し相手によります。一人で考えている時には言語化しているのかどうかよくわかりません。心の中で独り言を言う場合はいろんな言葉で喋っているようです。直接、言語で思考する場合もあるとは思います。複雑な思考の時です。その場合には、あの言語学校の説に従うならば、ヨーロッパ人は言語が左の脳にありますから、論理的数学的な考え方をし、アジヤ人は右脳で言語を操りますので、感覚的な思考方法を取っているという理屈にもなります。

神経科の医者が言うには、画家が交通事故や脳溢血で左の脳を侵された場合には、右腕は動かなくなるけれども、デッサンは前より上手くなるそうです。また音楽家の場合には、楽譜は読めなくなるけれども、即興音楽は前よりも上手く出来るということです。つまり芸術的表現をする時に左脳の論理性に邪魔されず、芸術的感覚だけを自由に広げることが出来るということでしょうか。

ある時、比叡山に滞在して、毎朝、鳥の鳴き声を楽しんでいました。ところがある朝、鳥の鳴き声が僕の体の中から聞こえて来たのでびっくりしました。どうしてそんなことが起こったのか。考えてみると、なるほど鳥の鳴き声を聞くということは、その声のバイブレーションが耳を通して脳の中に入って来て、その響きの質や、来る方向、音量から割り出して、「ああ、鳥が右上の木の枝で鳴いている」と脳が判断して、僕に情報を伝えてくれるのですが、その音の響きは脳で受け取って情報化したに過ぎず、実際には全て頭の中で起こっている現象に過ぎないのだと気づきました。

『無門関』という中国の仏教の本の中に、有名な禅問答の一説があります。「非風非幡《ひふうひばん》」と言う公案です。二人の僧が、風に幡《はた》がひらめいているのを見て、一人は「幡が動いている」と言いました。もう一人は「風が動いている」と言いました。すると師は「動いているのは風でもなく幡でもない。お前達の心が動いているのだ」とおっしゃいました。この真の意味は私の様な凡人にはよく分かりかねますが、僕流に解釈するならば、すべて外で起こっている事は、僕の目、鼻、口、耳から情報を受け取って脳が分析し、それがあたかも外で起こっているように我々につたえているだけで、実際には全ては頭の中の現象に過ぎないと言うことです。

以上のように「聞く」ということも、「見る」ことと同じように二通りの聞き方があります。物理的な響きを聞くことと、そうでないものを聞くことです。微妙な心の動きとか、繊細な自然の息づかいとか、そういう不可解な呼吸を聞くことによって、どこか奥深いところにある貴重な感動の瞬間を味わうことができるのです。

## ［　肛門　］

狂言の稽古をしている時、師匠から「高い声を出す時には、肛門をぎゅっと締めて、声を肛門から背筋を通して上の方に突き上げるように発声しなさい」と言われました。そして声を下げる時には反対に、その声を胸から下腹まで下げるようにして発声するのです。声の調整は喉でなく、肛門と下腹でするわけです。

武道に於いても、うんと気張る時には肛門を締めるのだそうです。と言うよりも無意識で閉まるように態勢をもって行くのだそうです。

肛門をぎゅっと締めると、なんとなくエネルギーが上の方に登っていって、頭のてっぺんの内側を突き上げるような感じがします。察するに、それは肛門と尿道の間ぐらいに、人間の生命に必要なエネルギーの根源があって、肛門を締める事によってそのエネルギーが背骨を通って上の方に登って行くのだと思います。インドでは、そのエネルギーの源をクンダリニといい、チベットの宗教画タントラでは、人間の臍の下、性器の上あたりに蛇の絵で表されています。

道教の教えを表す絵図があります。肛門の辺りに沢山の小人が居て、柄杓で肛門のところにある水を、背骨を通して上の方に掬い上げている図です。つまり人間の精力を性行為によって、前から外に出してしまわないで、それを上の方に汲み上げて行けば百五十歳以上生きられると言う教えです。

俳優にとっても、上に向かう意識と下に向かう意識の両方が重要で、演技の工夫は天から授かり、演技のエネルギーは地から肛門に受け取って、そこから劇場いっぱいに広げていきます。「ケツが緩んでいる」「ケツの穴を締めろ」と言う表現は随分昔からあって、武道、芸能に限らず、ヨガ、気功、カンフー、美容健康に於いても、この「ケツを締める」が推奨されています。

アフリカのダンスでは肛門を締めませんが、尾骶骨を前後に動かす事によってエネルギーを上に揚げようとします。

俳優の演技においても感情の高揚するクライマックスでは肛門を締めると、舞台に緊張感が漂います。そして大声で怒鳴る時には肛門を締めると、緊張が喉に来ないで下に降りて声を潰さないで済みます。筋肉の力みが肛門に集まるのです。僕は元気が出ない時には肛門をキュっと締めます。そうするとなんと無く活力が湧いてくるような気がします。風邪をひきそうだと感じたらキュっとやって、そのエネルギーを上に揚げるような心持ちにすると、身体が温かくなり風邪引きが遠のくように感じます。

## ［尿道、性器］

昔、芝居小屋の前には茶屋があり、観客は終演後に贔屓の役者をその茶屋に招き入れ、金銭づくでその役者と愛を交わしたとのこと。僕も駆け出し時代に、あまりに貧乏なので「お金持ちのおば様から……」と殆ど実行に移しかけましたが、最後の土壇場で思いとどまりました。それ以来なんとか「身売り」をしないで生きて来られたので、本当に幸せだと思っています。

役者が芸術家と言われる様になった現代では、表立って、そういう行為はないけれども、かといって我々は聖者ではありませんから、禁欲生活を送っているわけにもいきません。どういう性生活を送っているかは各人各様のようです。

百年前のフランスの名女優サラ・ベルナールは開演前に、必ず楽屋で誰かと行為を済ませてから舞台に出ていたそうです。

反対に能楽で三番叟を演じる時には、一週間前から女気無しで暮らし、女の作った食事も口にしないという言い伝えがあるそうです。まあ、演能は一日限りですからそれも可能でしょうが、我々のような一カ月公演ともなればそうもいきません。男優仲間では、行為をすると声の伸びがわるくなるので、行為後に直ぐ生卵を二、三個呑むという秘訣を教えてくれた俳優も居ます。又、行為を休演日の前夜に限って行うと言う仲間もいます。

性的不満は芸術感覚を高揚させると言う説があります。禁欲は魂の高揚とともに、芸術的創作活動においても効果があるというフロイトの言葉を思い出します。

# III

劇場に行く道すがら軽い食事をします。習慣として公演の二時間前からは食事を取らない事にしているので、劇場に入る前に、カフェに寄って軽い腹ごしらえをするのです。出演前に食事をして、お腹が満足状態になると、表現しようとする情熱がなくなる様な気がするので、被虐的ではありますが、ある程度の空腹状態で舞台に立つ様にしています。人によっては公演前にビフテキを食べてエネルギーを補給しておこうとする俳優もいますが、僕は精神と肉体のフラストレーションが創造へのエネルギーを掻き立てるというフロイトの説をなんとなく信じているのです。

カフェで食事を注文して、料理が来るのを待つ間、道行く人々を眺めるのは大きな楽しみです。

よそいきの服装をして、うきうきと歩いている人、何か悩み事があるらしく俯いて、ブツブツ言いながら歩いている人、キョロキョロと周りの人や建物を見物しているツーリスト、せかせかと気忙しく心ここにあらずのビジネスマン。あの頭脳の中で何が起こっているのか、出来ればその頭と心の中を覗き込んでみたい衝動に駆られます。

僕は人間が好きです。人間は奇妙な、不思議な、面白い動物です。演出をしたり演技をするのは、その「人間」という摩訶不思議な、ミステリアスな、美しい生き物を舞台で表現するためです。装置とか衣装とか照明はいくら美しくても五分もすれば見飽きてしまいますが、人間の心の「たゆらぎ」はいくら眺めていても飽きません。ですから、装置、衣装、照明はその美しさを見せるのではなく、人間の「たゆらぎ」を効果的に見せる助けになってほしいと思っています。僕が演出をする時には余り目立たない衣装、装置を注文しますが、彼らにとっては自分の才能を最大限に見せたいので、いつも大討論になります。彼らの野心を鎮めるのは大変です。俳優の演技も同じで過ぎたるは及ばず、お芝居くさくなると観客はしらけてしまいます。

この仕事を始めるために文学座に入ったのは、二十二歳の時でした。父親は「大学を出て、なぜ河原乞食の真似をしたいのや‼」と悲しそうな顔をしましたが、子供かわいさに「止めろ‼」とは言えなかったようです。父は自転車製造工場を経営していましたが、戦争が激しくなって国からのお達しがあり平和産業を止めて軍需産業に変わらなければならなくなりました。そこで神戸にあった川崎重工に協力して潜水艦のハンドルを製造すべく、その発注を受けるために川崎重工のお偉方を自宅に招待しました。戦争末期には高級レストランはみんな店じまいしていたので、自宅に招待するしか接待の方法がなかったのです。そこで五、六人のお偉方が我が家にいらして、母は天ぷらなどを作り、最後には白米のおむすびのはいった箱をお土産にさしあげました。当時は米不足で白米は「銀シャリ」と言って何よりの宝物でした。大喜びでその風呂敷包みを提げて帰って行く重役さんたちを見送った父は僕に言いました。「おむすびの箱の下に、お金が入っとるのや。」なぜ父はそんなことを十歳ぐらいの僕に打ち明けたのか。兎に角、僕は愕然としました。「あんな立派な方たちが、お金を貰って自分の意見を決めるなんて‼　嫌らしい！　ビジネスとは何と醜いものなのだろう。僕は絶対にビジネスマンなんかになりたくない。もっと清い職業、芸術家に成るんだ。」子供心にそう決心しました。そして演劇を選んだのです。プロレタリア演劇、実存主義的観念劇、古典劇と現代劇との繋がり、色々甘い夢が目の前に広がりました。

俳優修行を始めるには歳をとりすぎてはいましたが、目的は演出家になる事だったので、其の為にまず演技方法を学ぼうと思い、その頃、杉村春子や芥川比呂志といった名優ぞろいの文学座に研究生として入座したのです。将来は演出家になるにしても、僕は俳優としても才能があるし、将来は屈指の名優になれると確信して俳優修行を始めました。けれども、演出家から最初に受けたダメ出しは「お前は天才ではないということを悟るべきである。」と言うお説教でした。其の後文学座生活で言われた事は「お前は役者には向いていないから、辞めたほうがいい。」という忠告です。

しかし名優になれると信じて始めた仕事ですから、敗北するのは僕の自尊心が許しません。「なにくそ」と意地になって、いろいろなレッスンを続けました。バレエ、モダンジャズ、声楽、能、狂言、義太夫、いろいろな先生のところに習いに行く忙しい日々が僕の青春時代でした。それでもやはり、先輩達から「お前は役者としては駄目だ」と言われ続けたのです。

遂に三十歳が近づいた頃、「皆が言うように、僕は役者としての才能がないのだ、演劇の世界から離れよう」と観念しました。

逃げ道は父の工場に入って、将来、その会社の社長になることです。ところが運悪く、父は経営に失敗して会社が潰れ、癌になって死んでしまいました。そうなると他に就職口を探さなければなりません。けれども当時は大学を卒業してすぐに就職しなければ、良い職業に就くのはほとんど不可能だったので結局は俳優を続けるよりほか仕方がなく、舞台に立ち続けました。しかし奇妙な事には、もう名優になるのだという自信も野望もなく、自分の下手さ加減を認めて演技をするようになると、今度は先輩から「おまえ、たぶん俳優を続けていても良いかもわからない」と言われるようになりました。大きな野心を抱いて舞台に立っていた時は「役者を辞めろ。」と言われ、自分の下手さ加減を認め、野心を諦めると「役者を続けてみるか。」と言われたのです。なんと皮肉なことでしょうか。

その頃は舞台に出ても交通費しか貰えなかったので、生活費稼ぎにテレビやラジオに出演しました。しかしオーディションに行って駄目だった時の惨めな気持ち!! 自分の作った茶碗を売りに行って売れなければ「ああ、僕の腕が良くないのだな」で済みますが、自分を売り込みに行って売れなかった場合は自分の全人格が否定されたように感じました。それでもたまにはちんぴらギャングの役にありつき、その仕事が終わるとニッコリと笑顔で「有難うございました。また宜しくお願いします。」とプロデュースや監督に挨拶をして去って行く。何の事はない自分の嫌っていた商売人と同じ様なことをしているのです。仕事をもらう為に、プロデューサーを飲みに連れて行ったり、プレゼントを贈ったりする俳優もいるそうです。父親が戦時中にやっていた、いやそれよりもっと過酷なセールス商売だと気づいた時にはもう後の祭り。僕は父のような商才が有りませんから、不器用に自分を売り込んでも上手く行かず、演技の下手さをも含めて挫折の連続でした。そんな惨めな一人息子の僕を眺めながら父は寂しく死んで行きました。今でも自分の親不孝をすまないと思っていますが、もう父はこの世にいないのでどうしようもありません。
それからは前著『俳優漂流』で書いた様に縁あってヨーロッパに仕事場を移し、英国の演出家ピーター・ブルックのもとで演技を続けました。もう名優になることをあきらめて、演出家になることだけを夢見ていたので、演技をすることには大して興味もなかったのですが、それでも演技を続けたのはブルックの側にいて、彼の演出過程を見学したいと思ったからです。もう演技者としての野心が無かったので、ただ演じていたのですが、それが幸いにも人から素晴らしい演技だと言われる様になりました。結局、何かを望んでいる時にはその望みを得られず、望まなくなったときに望んだ事がやって来ました。

昔のサムライのこんな話があります。弟子が剣術の道場で稽古していると、師範が来て彼に言いました。「お前の腕前はあがってきたが、まだ充分とは言えない。なにか足りないものがある。」そこで、その弟子は一生懸命師範の言ったことの意味を考えました。しかし、いくら考えても足りないものがなんだかわかりません。その数日後、師範の前に出て「ずっと考え続けましたが、足りないものがなんであるのか、見つける事ができません。剣術の秘法というものがあるのでしょうが、私にはそれがわからないのです」と告白して、ただ剣を持ち、剣さばきのことをかんがえずに師範の前に立ちました。すると師範の体が小さくなり、自分の体がずっと大きくなったように感じたのです。師範はにっこりとほほえみ、「今お前は剣術の秘法を悟ったのだ。」

父親に反対された職業に就いて、自分は天才ではないと身に沁みてわかりましたが、それでも三人の芸術的天才に巡り会えたのは大変な幸運でした。その三人とは杉村春子、三島由紀夫、そしてピーター・ブルックのお三方です。（以下敬称、敬語略）

**杉村春子**

彼女は現代劇の名女優でした。日本の現代劇の歴史で、女優は松井須磨子や川上貞奴などの特殊ケースはありましたが、名女優としての確固たる存在を示したのは彼女が初めてだと思います。私生活はとてもチャーミングで可愛らしい方でしたが、舞台ではしっかり者の、どちらかと言えば根性の悪い女性を演じるのが上手でした。彼女は「女の業」を演じる天才です。チエホフの『三人姉妹』で一緒に舞台に立って、そば近くで彼女の演技を見ていると、役の人物として生きるというよりは、女優として「演じる」ということに没頭して、芝居臭く感じましたが、客席から見ると本当に役の人物が動いて、自然でリアルな演技に見えたのは誠に不思議な事でした。彼女は美人とは言えない顔立ちでしたが、いつも舞台では美女役を演じようとしました。周りは「不器量なのに美女役を演じるのはどうかね」と陰口をたたいていましたが、面と向かって「ミスキャストだから、止した方がいい」と忠告する人はいませんでした。僕も、演技はとびきり上手いけれども舞台で美人ぶるのはどうかなと疑問でした。彼女はご贔屓から色紙を頼まれると何時も「花」と書いていました。若い女優には「街を歩いていても、ハッと気づいて此方を見てもらう、そういう魅力が無いと女優としては落第よ」と教えるのが常でした。それが不思議なことに歳を取るにつれて、だんだんと舞台で美人に見えてきたのです。奇跡としか言い様が有りません。其処が天才女優の一生なのでしょう。当時、文学座の文芸部に所属していた三島由紀夫曰く「彼女の外身は女だが中身は男だ。だから男から見た女の魅力というものがわかっていて、それを舞台で演じることが出来るのだ。」

その頃の新劇の演技は役の性格、心理分析を基にしていましたが、彼女は読み合わせの時には台詞をどう音楽的に美しく喋るか、立ち稽古では自分の動く姿がどう美しく見えるかに気を使っていました。美人女優だと観客はその姿だけで満足してしまいますが、そうでないと、魅力的に見える様に色々工夫しなくてはなりません。それが名女優になる原動力かと思われます。フランスの名女優サラ・ベルナールもそうだったと言われています。

彼女の当たり役『女の一生』の主人公はまことに逸品でしたが、ただ最初十四歳の少女時代だけは何とも奇妙でした。でも最後の『女の一生』の舞台、確か彼女が九十歳近くの時だったと思いますが、その時の少女時代の演技がこの上もなく素晴らしかったのを覚えています。その舞台を絶賛した女優長岡輝子に、彼女は「私もやっと演技をする事が判って来た」と言ったそうです。

演技の師匠としては誠に厳しい人でした。テレビの稽古中、息子役の僕が、後ろにいる母親役の彼女に気づいて、「あ、びっくりした！」と言うところで、「ダメ!!　本当にびっくりしていないわよ。もう一遍！」とテレビのデイレクターの前で何度もやり直しをさせられました。何度もダメ出しされたので終いにはどうにも演技が出来なくなったのを、今でも鮮明に覚えています。モリエールの喜劇『女学者』でトリソッタンを演じた時、舞台へ一緒に登場するのですが、そのシーンの終った後は、何時も「登場する時、少しお見せになり過ぎる様だわね」と皮肉を言われました。それでも「何くそ！」と抵抗して毎日、同じ登場の仕方を演って居ました。十年間の文学座生活を過ごして退座届けを出した時、彼女から手紙を頂きました。其の文中で「私達のモリエールの芝居をＮＨＫの舞台中継で観ました。公演中、貴方にいろいろ文句言ったけれど、中継を見て貴方もやっと役者になったと思ったわ」と褒めて下さいました。それを読んだ時の嬉しかった事！

今でも自分の出演した映画や、舞台の映像を見ると、「ああ、先生の真似をしている」と感謝の気持ちでいっぱいです。一番顕著な影響は台詞と動きの係わり具合です。例えばハムレットの有名な台詞「生きるか死ぬか、それが問題だ」を言う時にどう動くかという事です。この台詞を「ブルブルと震えながら言う」「硬直して言う」「寝っ転がって」「短刀を持って」「花一輪持って」「ビフテキを食べながら」……どれを選ぶかによって、ハムレットの表現が違ってきます。彼女は長台詞を言う時に髪の毛を触ったり、襟元をつくろったり、その動きと台詞のつながり具合が絶妙でした。

彼女の死を知ったのは、ドイツのハンブルグで演出をしている時に、日本の新聞の第一面に出ているのを見つけた時でした。死なれてみると、あんなに憎らしい存在であったけれども、まるで母親に対するような深い愛情を心の奥深くに抱いていた自分に気づき、涙が止めどなく流れました。どんな事を言われ様とも、演劇の世界に全生命を投げ入れたその情熱はまぶしいばかりで、その側に十年間居られた事は僕の見えない財産です。そのＤＮＡは知らず知らずの間に僕の体の奥深くに忍び込んでいるのだと思っています。

**三島由紀夫**

僕が文学座に入った頃、前述の様に彼は座の文芸部にいました。文学座は読んで字のごとく戯曲を文学の一分野として捉え、その文学性を俳優がどの様に表現するかというのが座の方針で、戯曲第一主義の劇団でした。だから演劇は言葉で成り立つという彼の主張に文学座は適していたのです。とはいえ「俺は芝居と心中する気はない。芝居は俺の趣味だよ」といつも言っていました。自分は小説家と決めていたのでしょう。座内で彼はボクシング部を作って主将として君臨して居ました。僕もそこに入れてもらって、初めて彼にお目に掛かりました。次にお目にかかったのは彼が演出したオスカー・ワイルド作『サロメ』で、若きシシリヤ兵ナラボトという大役をもらった時です。稽古が始まるまえに自分の役の衣装デザインを見てぎょっとしました。手や足は鎧で隠されていましたが胸は衣装なしのむき出しです。「僕の胸は薄っぺらで、洗濯板みたいですから、この衣装では恥ずかしくてお客の前に出られません」と泣きを入れると、「じゃあ俺の弟子にしてやるから、ボディービルのジムについて来い」と言ってジムに連れて行かれました。勿論彼に指導して貰ったわけでは無く、他の先輩に指導を頼んでくれました。どうにか人に見せても恥ずかしくない体になって舞台に上がりましたが、その役どころは岸田今日子演じるところの

三島由紀夫演出『サロメ』

サロメを愛するシシリア兵士で、サロメがヨハネを愛している事を知って絶望のあまり自殺し、血だらけになって死んでゆく役でした。思えば、彼が現実にやってのけたことを彼に先駆けてやって見せることになったのです。

彼の死を知ったのはパリで、ブルック家の屋根裏の女中部屋に住んでいた頃です。朝食を取るために台所に行くと、ブルックが新聞を読んでいて、「ヨシ、三島由紀夫を知っているか。彼はハラキリをしたよ。そして首を切られて死んだよ。」と教えられました。其の時、恐れていた事が遂に起こってしまったと愕然としましたが、と同時に全く馬鹿げた考えが頭に浮かびました。「どうして彼の本にサインを貰って置かなかったのだろう」という事でした。彼が二年前に「もうじき、自殺するよ」と言った時、若者が感傷的に「自殺するよ」と言うのとは違って、「この人は本当に自殺するのだ」と信じ、「もし、そうなったら、先生のサイン入りの本は値段が跳ね上がるでしょうね」と言うと、「ああ、そうだよ。お前も俺の本にサインを貰っとけよ。高く売れるから……。」と例の豪傑笑いをしながらそう言ったのです。でも僕は彼のサイン入りの本を一冊も持っていません。言い訳かも知れませんが、人間は大変悲しいショックを受けると、自分がへこたれないで、そこから抜け出す為に、わざとくだらない事を考えようとするのだと思います。

一九六〇年の安保闘争は激しく、東大の女子学生、樺美智子が殺されました。三島さんは一九七〇年の安保闘争でそれと同じ様に、東大生の闘争に巻き込まれて殺される事を望んでいらしたのです。七〇年の闘争が過ぎたある日、僕が「今年の安保闘争は六〇年に比べて静かでした。先生がお望みの『殺される』と言う事は起こりませんでした。もう死ぬなどというお考えはお止めになったらどうでしょうか」と言うと、「いや、俺はやるよ！」その時、何時も冗談交じりの笑顔で話していた彼の顔が急に厳しい顔に変わりました。そんな何か思いつめたような顔を見たのは、後にも先にもその時ただ一度きりでした。

そんな死に方を望んでいた様子は、その十五年前に書かれた彼の戯曲『サド侯爵夫人』、マダム・サン・フォンの殺された時の様子に現れています。

「ところが或る晩ふいに暴動が起って、あの方は暗い街角で、娼婦の身なりのまま暴動に巻き込まれ、民衆と一緒にあの歌を……（中略）『貴族は街燈に吊るせ！』というあの歌を、大声で歌って進んでいらした。警官隊におそわれて暴徒は将棋だおしになり、あの方は踏みつぶされてお亡くなりになった。朝が来ました。暴徒はその亡骸《なきがら》を取り返し、戸板に載せて、民衆の女神として、崇高な犠牲者として、泣きながら運んでまわりました。（中略）あの方の屍《しかばね》は町なかを、海のほうへ進んでゆきました（略）」

彼は仕事では「言葉」に集中していましたが、私生活では「身体」のことでした。その調和に彼の哲学があったのでしょう。

作品『禁色』の中で、最後に老作家が死ぬ寸前、自分をソクラテスに喩え、美青年悠一をギリシャ神話の美少年パイドロスにたとえて、こんな事を言っています。

「そこには君がいる、美しい自然が。ここには私がいる、醜い精神が。（中略）少くとも私の愛とは、ソクラテスの愛ほどの希望をもたない。愛は絶望からしか生れない。精神対自然、こういう了解不可能なものへの精神の運動が愛なのだ。（中略）この世には最高の瞬間というものがある（中略）この世における精神と自然との和解、精神と自然との交合の瞬間だ。（中略）死は事実にすぎぬ。行為の死は、自殺と言い直すべきだろう。人は自分の意志によって生れることはできぬが、意志によって死ぬことはできる。これが古来のあらゆる自殺哲学の根本命題だ。しかし、死において、自殺という行為と、生の全的な表現との同時性が可能であることは疑《い》いを容れない。最高の瞬間の表現は死に俟《ま》たねばねばならない。」

老作家は続けます。

「生が表現を稀《うす》めること、表現の真の的確さを奪うこと、このことには誰しも気がついている。（中略）表現に絶望した生者を、又しても救いに駈《か》けつけて来るのは美なのだ。生の不的確に断乎《だんこ》として踏みとどまらねばならぬ、と教えてくれる者は美なのだ。」

ついでに、トーマス・マンの『ベニスに死す』で老作家が死ぬ瞬間のくだりを添えておきます。「なぜなら美は、パイドロスよ、ここをよく注意してくれよ、ただ一つ美だけが神のものであると同時に肉の目で見えるものなのだ。だから美は感覚を授かった者の道なのだ、かわいいパイドロスよ、芸術家が精神に至る道なのだ。（中略）しかしどこを向こうと、奈落は私たちを引きつけるのだ。（中略）認識が奈落なのだ。（中略）そう、奈落へと導くのだ、その美しい厳格ささえも奈落へと。そういうことだ、私たち詩人をそこへ導くのだ、なぜなら私たちは上昇することができないからだ、放埒に身をもち崩すことしかできないのだ。だから私は行こう、パイドロスよ、おまえはここに留まれ。（略）」（『ヴェネツィアに死す』岸美光訳）

サロメの稽古中、彼はこんなことを言いました。

「サロメはこの上もなく幸せ者だよ。自分の愛する男の首を手に入れて、その首と戯れてエクスタシィの真っ最中に殺されたのだから!!」

彼は死ぬ瞬間にどんなエクスタシィを味わっていたのでしょうか?

**ピーター・ブルック**

素晴らしい御縁で、彼とはもう五十年のお付き合いです。

この本を書くにあたって、彼に「僕は長年貴方と一緒に仕事をして来ましたが、一体、貴方から何を学んだのでしょうか? その学んだ事を本に書きたいと思うのですが……」と尋ねると、彼は「二、三ページ白紙にしておいたら。」と答えました。成程、長年、彼の芝居に出演してきましたが、その稽古中に「こうしろ」と言われた事はありません。その代わりに「それをするな」と何度も言われました。「するな」と言われて、ではどうすればいいのか、其の回答は教えてくれないので、何とか自分で捻り出すより仕方がありませんでした。彼の教育方法は何かを「教える」のではなく、自分自身で理解していく様に「導く」と言う事でした。僕が自分で創作して行く思考の「方向」と「場」を与えてくれたのです。

一九六八年に僕が初めてヨーロッパに行った頃、まだ日本の現代劇の歴史は浅く、西洋の演劇を学んで、その模倣の様な芝居を演じていました。「歌舞伎の七五調は封建制時代のリズムであるから、現代劇はそこから抜け出さねばならない」なんてことを偉い先生が本に書いていたので、僕はそれを本気で信じて、何とか古い日本から抜け出そうとしていました。けれども僕は体の奥底から自然に湧き出てくる、昔から観ていた古典演劇を真似る誘惑から逃れる事が出来ませんでした。そこで現代劇の風潮から外れているのは承知の上で狂言や義太夫を習っていたのですが、文学座の先輩から「お前、そんなものを稽古しているとシェークスピアなんかの芝居を演じられなくなるぞ」と忠告されました。そんな時代の僕がヨーロッパで初めて西洋人と一緒に演技する事になったのが、三十五歳の時でした。相手は日本の新劇俳優がお手本としていた、いわば理想の俳優たちだったので、僕の演技の腕ではとても太刀打ち出来ません。そこで彼等と張り合って対等に演技するには、自分が身につけてきた日本の古典演劇のスタイルで対抗しようと思いつき、即興劇の動きを、能や歌舞伎の動きで誤魔化していました。それでも、それを見た西洋の役者は僕の演技の型が美しく素晴らしいと褒めてくれたので、得意になってそのスタイルを続けたのです。すると三ヵ月も経たないうちにブルックから「ヨシ、明日から日本の古典演劇のテクニックを一切使うな。」とダメ出しをうけました。今まで日本で習ってきた技術を使えなくなると一体どう演技すれば良いのでしょう。全く見当がつきません。まるで素人同然の駆け出し俳優の気分になってしまいました。自分の演技の引き出しに頼れず、何か違った表現も思いつかず、まるで大海に放り出された棒切れの様な気分になりました。しかし過去の遺産を現代に再現するのではなく、何かを未来に向けて新しく作っていく、それが僕の演劇を始めた理由でした。ブルックとの仕事で「今日の舞台は良くできた。明日はどうする」と言われて、今日良かったなら明

ピーター・ブルック演出『マハーバーラタ』

日もその様にしたいけれども、他の新しい演技を探せと言う。こんな事の繰り返しで、頼りどころもなく、行く先もわからず漂い続けた何十年もの海外生活。ブルックの忠告に従って努力して来た事と言えば、いままで持っていた物をすべて洗い落とす事でした。日本人である事、男である事、俳優である事、全てを捨てた後に何が残るのか。恐らくは何も残っていないであろう自分の中から、何が作れるのか。それは不安ではあるけれども、ついにはその頼りない努力を続ける事に、ある種の快感さえ覚える様になって来ました。自分が次に何処へ行くのか、その好奇心が未だに演劇を続けている理由です。

ブルックに限らず、多くの 先輩から貴重ないろいろな忠告を頂いてきました。有難いことです。でも先輩の歩んで来た道をそのまま真似をして、その同じ道を進んではならないと自分に言い聞かせてもきました。その忠告をヒントとして、次に自身の何か漠然とした未来図を描いて進まなければなりません。皮肉なことに、その道は自分が歩いている間はどこに向かっているのか判りません。歩いて行って、初めて「ああ、自分はこんな道を選んだのだ」と理解するのでしょう。

# IV

## The Invisible Actor

Oida Yoshi

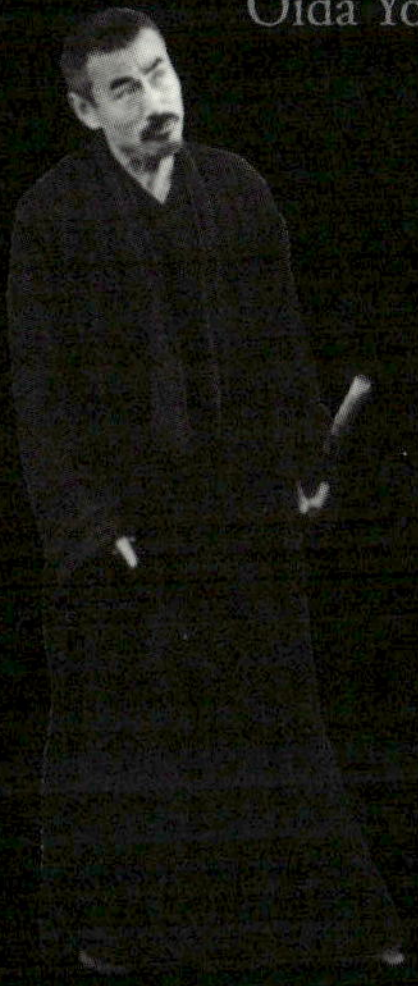

劇場に着けば、同僚に挨拶をして、公演準備の為に皆で一緒に身体を動かします。ストレッチをしたりゲームをしたり、別に決まったシステムはありません。動く事によって、身体を目覚めさせ、日常生活から演劇という特殊世界に導き入れるのです。

「なんで僕を産んだんや！　別に頼んだわけでもないのに。迷惑千万や!!!」。高校生の頃、僕は劣等感にさいなまれ、生きている意味も見つけられず、両親に向かってそんな恨み言を言いました。父親は呆れはて、母親は「よくそんな勿体無いことを！」と悲しそうな顔をしていました。その頃、若者の間で流行っていたドイツロマン主義の影響で、他の若者同様、生きるという事は無意味だと決めつけて、自殺願望にとらわれていたのです。でも今は反対に、その身体を元手に俳優という職業を続けているのですから、子供の頃の願望など当てになりません。

一休和尚は文楽で人形が演技をするのを見て、「人形の動きはたいそう面白い。人形遣いがあまりにも上手に操るので、人形はまるで生きているようだ。お客は人形を見て一緒に笑い、一緒に悲しんでいるが、この人形は木切れに過ぎず、ばらばらの木片であるけれども、それが糸で繋がって、人を泣かせている。それは人形遣いのなせる技だ」と言いました。

その言に従うと、僕も舞台で人形遣いとして、僕の身体を操っているのです。ところがよく考えてみると、人形遣いである僕自身も誰かに操られているのではないでしょうか。その人形遣いの僕を操って居るのは一体、誰でしょう。それも僕なのです。

ある禅僧が「坐禅の坐の字は、土の上で二人の人《ひと》が対話をしている図である。つまり自分の中にはもう一人の自分が居て、坐禅とはそのもう一人の人《ひと》と自分が対話をする事である」と仰しゃいました。一人はさわれる自分。もう一人はさわれないし、目に見えない自分。

日常生活でも二つの生活態度があるはずです。飲んで、食べて、怒って、泣いて、恋をして、喧嘩して、いわば動物に近い俗な生活。テクノロジーの奴隷になっている毎日の暮らし。昔、プラスチックの皿ができた時、「こんなもので物を食べられるか」と怒ったけれども今は平気で食べてます。七〇年代初め、アメリカの地方都市で食事は紙皿、紙コップだったので、食べ物が喉に通らなかったのですが、今は家でパーティーをやる時には紙皿を使っています。前は人がメールで年賀状を送ってくると情がないと怒っていましたが、今は僕もそうしています。

しかしそれとは別に、目には見えないけれども何かもう少し質の良い、次元の高い生活もあるはずです。より良い感覚と思考の中で生きる生活です。

俗な生活だけで生きて行くと何か大事なものを見落としてしまうでしょうし、質の高い生活だけを追い求めて行くと社会に適合出来ず浮き上がってしまいます。だからこの二つの生活をはっきりと認識して、上手く調和させて行くのが素晴らしい人生なのでしょうけれど、その質の高い生活をどうやって見つけるのでしょうか。言葉で言うのは簡単で、いざ実行に移すとなると大変な事のように思われます。

僕は一六二センチの小男で、肉体が朽ち果てれば、もう存在しなくなるでしょう。ですが生きている間は一六二センチの内だけで生活しているのではなく、もっと大きな宇宙空間で生きていると思いたいのです。天地人と言うように、先ず自分は天と地の間の、架け橋のような存在です。僕の重心は地球の中心に向かって限りなく降りて行き、頭のてっぺんは天に向かって限りなく伸びて行こうとしています。僕の周り三六〇度は、地平線か水平線で、寝ていても、座っていても、立っていても、歩いていても、いつの場合もいずれかの方向を向いています。死ねば「北枕」と言って頭を北に向かって寝かされますが、今は生きているので、寝る時に地球の動く方向、つまり東向きに寝ています。頭が地球の進行方向に向かって横たわっている状態です。反対に西向きで寝ると、足から東の方に進んで頭が後から付いて行くので、眠りが浅いようです。

俳優として舞台に立つ時にも、どちらを向くかというのは非常に重要です。

俳優の存在を強く印象づけるには、真正面を向く事です。しかし、それでは押し付けがましいので、色々と角度を変えて行きます。自然な風情を見せるためには客に向かって四五度、そして真横、一番弱い印象を与えるのは、後ろ向き斜め四五度です。真後ろ向きは非常に演劇的です。

芝居用語に、「上手《かみて》」、「下手《しもて》」という言葉があります。舞台に向かって右側が「上手」、左側が「下手」です。能の橋がかりや、歌舞伎の花道は下手寄りにあります。何かを始めようとする時には、下手からでてきて、そして上手のほうへ行く様になっています。終わろうとする時には、上手から下手の方に退場します。観客の心理はおかしなもので、経験によりますと、敵をやっつけようとする時には、下手から出てきて、敵が居ると想像される上手に行く方が、反対の動きより一層強く感じます。それと反対に上手から下手へ行けば、その行為の表現は何故か弱くなります。敵が居なかったので、期待はずれで、しかたなくうちへ帰る時には、「上手」から「下手」へ去って行くほうが、その逆よりも真実みが感じられます。

歌舞伎で、身分の高い人は必ず「上手」に座ります。

歌舞伎の装置では、家の外はいつも「下手」にあり、家の奥部屋は上手にあります。

文楽では義太夫の太夫は上手に、囃子方は下手に位置します。理由はどうしてだか知りませんが、僕流に解釈するならば、言葉を聞くのは普通、左脳ですから、直接繋がっている右耳で聞いたほうが、左脳に入りやすいのです。またお囃子、つまり音楽は右脳で鑑賞しますから、左の耳から入って来た方が近道です。多分昔の人はそれを無意識に理解していたのでしょう。

剣道にある八方切りでは、敵が周りに大勢いる場合、からだを前後左右、そして次には、斜め四方に素早く回って斬りつけます。この動きをすることで、全ての方向にいる敵に同時に対することができる体さばきです。武道の教えでは敵が何人いても一方に向かった瞬間は敵が目の前にいる唯一の人だと思う事だそうです。敵が周りに大勢居ると思うとパニックに陥るからです。各瞬間に敵が一人だと思えば、大勢の敵に向かっているという恐怖が薄らぎます。

なるほど、舞台でも大役を仰せつかってストレスを感じた時、全体の事は考えずに、足を一歩前に出す事、「愛しています」と一行の台詞を言う事、ただそれだけに集中して、前後の事を考えなければ、パニックに陥る事もなく、各瞬間を丁寧に演じる事ができます。

日常生活でも同じでしょう。過ぎ去ったことにくよくよしたり、どうなるかわからない未来のことを夢見るよりは、目先の事を丁寧に処理してゆけば、結果的には良い一生が送れるはずです。

宗教に於いても、方向感覚は重用視されているようです。キリスト教の祈りでは人差し指と中指で上下、左右を指して十字を切ります。密教では上下、前後、左右の手印が有ります。イスラム教の祈りは両腕を上下、つまり天地を指して祈ります。これらを見て行くと、人間は自分の存在のあり方を垂直と水平の感覚で考えて来たと推察されます。でも、どうして昔からこんな方向感覚が重要だと考えられて来たのでしょうか。自分が宇宙との関係で成立していると思ったからでしょうか。どうして上が天国で、下が地獄なのでしょうか。

「身体」は親のDNAで作られた肉の塊ですが、僕の身体はDNAに規定されただけの身体だと思いたくは有りません。生まれてこのかた、それを自分で耕して、何かしら自分で作り上げた部分をも含む自分独自の肉体であると思いたいのです。

そして「身体」は筋肉以外の何かでもあるでしょう。美しい音楽や、風景を見て感動するのは肉の塊りではなく、別の「身体」が感じているのです。だから肉体と心が合わさった「ある物」が「僕の身体」です。

ヴェルレーヌの有名な詩に「巷に雨が降るごとく、我が心にも雨ぞ降る」と詠われていますが、日本人も自分の存在を自然現象との類似体として文学や能に表現して来ました。『枕草子』では自然の現象を語っていたかと思うと、急に宮中のスキャンダルの話をします。自然と日常生活が入り混じっているのです。人間の身体を小宇宙と捉えて、中で起ることは宇宙の縮小版のようなものと捉えています。我々俳優はこの小宇宙を使って全宇宙を舞台に表現すべきです。小宇宙としての身体は外から見れば静かな物体ですが、その中身は地球のマグマの様に燃えたぎり、ものすごいエネルギーを持っていると思います。

病院の神経科へ見学に行った時の事です。意識不明の女性が物凄いいびきをかいて寝ていました。理由は聞きませんでしたが、医者が言うには、この女性は一ヵ月以内には死ぬだろうとの事でした。でもその患者は意識がなくても、なお生き続けようとする生命力がものすごく、僕はその迫力に圧倒され感動しました。その時感じたことは、生きようとする力は、その人のものではなく、何か宇宙から来ている果てしない大きなエネルギーによるものではないか、という事です。

舞台でも、演技する時には、この地球のマグマの様な強いエネルギーが必要ですが、それは「うん」と気張ったところで出るものではありません。エネルギーは無心状態でいる時に最も強く溢れ出るものだそうです。しかし、演技をしている時は自分の思考と感情に妨げられて、無心になる事は不可能です。役をどう演じるかを考えて、役の心持ちに浸る必要がありますから、思考と感情をなくすわけにはいきません。それを失わず、しかもそれに縛られる事なく、どうやって自由な熱い噴火口となれるのか。そこが俳優としての苦心のしどころでしょう。

舞台にただ立っているだけ、ただ歩いているだけでも、エネルギーを観客に伝えられる役者もいます。長い間、観客の前に自分をさらしているうちに、身体が「見られる」という事を学んできたからでしょう。

昔、師匠に長年買い集められた狂言のお面を拝見させていただきました。師匠が「これらのお面は国宝級の貴重な品ですから、木造の我が家に火事でも起こったら焼けてなくなると思うと夜もおちおち寝られません。」とおっしゃいました。僕が「それでは上野の博物館にお預けになったら如何ですか」と言うと、「いえ、お面は時々かけて舞台でお客に見てもらわねばなりません。博物館に置くとお面が死んでしまいます。」とのお答えでした。

僕の身体は役者としての商売道具ではありますが、また僕の親友でもあります。いつも僕のそばに居て、僕が行きたいと思う所に連れて行ってくれますし、僕がしたいと思う事を何でも嫌がらずにしてくれます。まるで僕の忠実な召使いのようです。身体はとても働き者です。僕の心臓や肺は八十五年間脈打ち、呼吸をし続けてくれています。もしストライキでも起こされて、働くのを止められたら、僕はたちまち死んでしまいますが、有り難い事に僕が眠っている間でも、勤勉に休む事なく作業を続けています。ですから毎朝起きたらすぐに自分の身体を鏡に映して、その姿に「有難うございます」とお礼を言いたいのですが、これがなんとなく気恥ずかしくて、なかなか実行出来ません。せめてこのかけがえのない素晴らしい親友を大事にしてあげるために、暴飲暴食を避け、いいもの食べさせ、あまり酷使しない様に優しくしてあげたいと思っています。海山の新鮮な空気を吸ってもらい、美しいものを見せてあげて、妙なる音楽を聞かせて、ゆっくりと眠らせてあげたいものです。

俳優は身体をお客さんに見せるのですから、いつも清潔にして置いてあげる必要があります。風呂に入ってゴシゴシ洗えば身体の外側は簡単に綺麗になりますが、身体の内側を清潔にするのは大変です。

宗教ではいろいろなお清めの手続きがあります。神社にお参りすれば、先ずその前に手水舎で口を濯ぎ手を洗います。キリスト教会には入った所に聖水があり、その水で十字を切ります。イスラム教のモスクでは入る前に手と足を洗うのがきまりで、入口には洗い場があります。こうした宗教的なお清めは神様のためと言うよりは、むしろ昔、人は清潔ではなかったので神様にかこつけて清潔教育のために、そうしたことを決められたのではないかとも思われますが、とにかく、その後で心の洗濯をするために、お祈りをしたり、修行をしたりします。

日本では、どんな修行でも先ず「洗い清める」という事が第一に行われるようです。神道には「禊ぎ払い」という行法があります。「エイサ！　ホイサ！」と舟漕ぎ運動をして身体を温めて、海か川に飛び込み、水の中で両手を上下に動かして振り、そして手を合わせて鎮魂という「行」をします。この時の水は池では駄目で、川や海の様に動いている水でなければならないそうです。仏教の行でも先ず水浴びをしてから行に入るのが決まりになっています。

このようなお清めの後、神様と対峙するわけですが、その前に宗教に限らず、日本の武道や芸能の修行に於いては、場所の掃除を義務付けています。弟子が掃除をすれば、掃除人を雇う経費が節約されるので、このシステムは便利ですが、掃除をする事は単なる経済的な理由からではなく、腰をかがめて雑巾がけをするのは武道、芸能の基本的な足腰を丈夫にするという肉体訓練にもなり、一石二鳥の効果があると言われています。

禅に「三昧《さんまい》」という教えがあります。全ての行為に於いて、そのことだけに意識を向けて余分な事を考えないようにすることです。ですから、掃除をするときには床をきれいにすることだけを考えて集中力を養います。僕は毎朝歯を磨く時に、歯をきれいにすることだけを考えようと努力しますが、これがなかなか難しくて、「今日はあれをして、あの人に会って、あの事を片付けて」と考えはあちこちへ飛んでゆきます。昔の中国人が、人間の心は猿みたいなもので、たえず枝から枝へと飛び回り、じっとしている事が無いので、座禅をしてもなかなか三昧の境地には入りにくいと言っています。

身体や、道場を綺麗にする行為は、見えない所も清潔にすると言う象徴的行為でもありましょう。

神道の祈りは「祓え給え、清め給え」です。神官の説によると、人間は生まれた時は、神様のように純粋で清らかな存在だが、社会の中で生きていくうちに、だんだんと身も心も汚れて来て、教育、道徳、宗教等によってマインドコントロールされ、生まれた時に持っていた純粋さ、自由さを失っていく。盗みや人殺しのような犯罪も、人間の中にある「悪」がそうさせるのではなく、身に付いた穢れがそうした犯罪をさせるのである。だから、その穢れを払い清めて、生まれた時に持っていた神様のような清らかさをもう一度取り戻して、正しい人生を送れるようにお祓いをするのだそうです。前述した密教の「あ字観」と似ています。

古事記によると、イザナギノミコトはヨミの国へ死んだイザナミノミコトに会いに行きますが、彼女の身体に沸いたうじ虫に追われて逃げ出します。そして日向の橘のアマギガハラについた時にそこで禊ぎ祓いをし、同時に沢山の神様をお創りになりました。

昔から清める行為と創る事の関連性が考えられていたのでしょうか。

そう考えると我々の創作活動も、自分の過去の仕事や、他 人の仕事に気をとらわれて、前に進むのがなかなか難しいものですが、白紙に戻って、新しいものを創る可能性を探せという事でしょうか。僕の好きな世阿弥の言葉に「住する所なきを、まず花と知るべし」とあります。

我々は神様ではありませんから、無から有を生じさせる事は出来ません。けれども過去の遺産を学んで、その模倣ではなく、その知識や経験を踏み台にして、一歩進んだ何処か別の所に行けるはずです。その新たな物を創る自由な心を養うためには、まずは「祓え給え、清め給え」が必要で、「初心、忘るる事勿れ」なのでしょう。

# V

## The Invisible Actor

Oida Yoshi

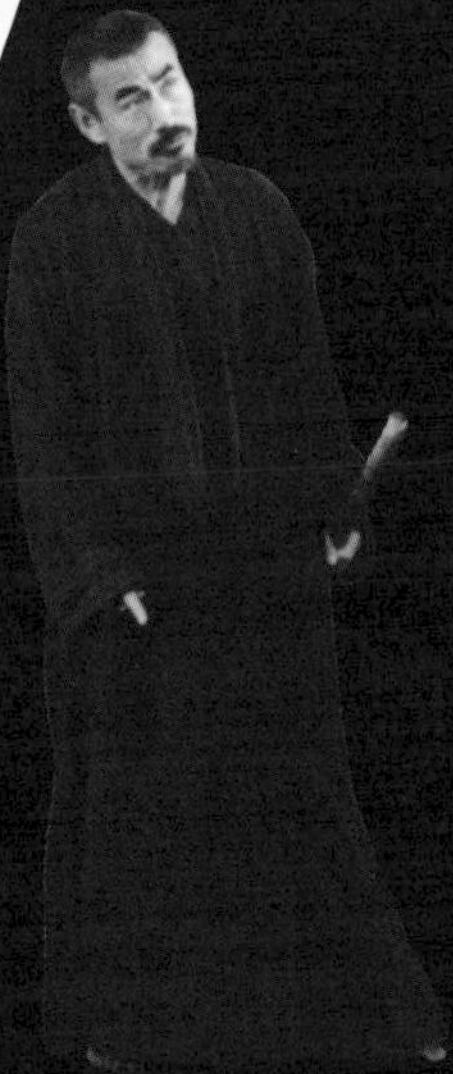

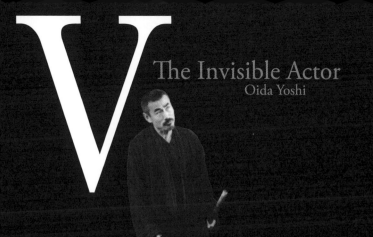

舞台に出る前は身体の各部の点検が必要です。観客の前で体を動かしてある物語を語っていくのですから、この身体は俳優にとって商売道具です。商品として機能しているかどうか調べなければなりません。身体については五体という言葉があります。ここで頭、胸、腹、手、足と分けて考えてみたいと思います。

## ［頭］

老優にとっては頭の中身が一番心配です。まず第一に台詞が覚えられるかどうか。また覚えられても、舞台でフト忘れないかどうか。

狂言の師匠が「六十歳まではきちんと父から学んだ伝統の型を守り、六十歳を過ぎたら、初めて、そこを超えて自由に演じるのです。六十歳まで型を守っていれば、自由に演じても伝統を崩す心配はありません。」と仰しゃいました。そこで師匠が八十歳になられた時に、その事を持ち出して「今は六十歳を越えられたので自由に演じていらっしゃいますか。」とお尋ねすると、「いや、あの言葉は間違いでした。あれは天才だけに言える事です。私の様な凡人は、この歳になると舞台で台詞を忘れないように気をつかうのが精一杯で、自由に演じるどころではありません。」とお答えになりました。最後にお会いしたのは九十歳を過ぎた時でした。その時に仰しゃった言葉は「もう、全て忘れました」でした。やっと無欲無心で舞台に立てるようになったのでしょう。

文楽の『曽根崎心中』の最後、お初、徳兵衛が心中するくだりを見るといつも心を打たれます。その理由は、演じるのは人形だから、その顔には野心、不安、自己顕示など余分なものが一切ありません。そこにはただ純粋に物語があるだけです。だから、心を動かされるのだと思います。しかし、これが俳優の場合そうはいきません。どうしても、名誉欲とか大向こう受けとか何かしら余計なものが顔の隅っこに現れていて、観るほうは興冷めしてしまうのです。僕も欲得抜きの人形か動物のようになって舞台に立てるようになりたいものです。

脳の中身はさておき、頭の外側も俳優にとっては大切です。頭の傾き具合で色々の人物表現が出来るからです。

上向き下向きは「天を仰ぎ見る」「頭が下がる思い」で、この二つの行為は人間が宇宙を敬う基本的な感情表現です。不思議な事にその気が無くても、頭の位置を上下に変えるだけで気分が随分と変わります。

「思案投げ首」「小首を傾げる」つまり考えるときには、人は首を傾げて考えることが多い様です。これは首の筋肉を緩める事によって、脳に血が巡りやすくなり、思考能力が増すのだと思います。

犬は地震がある前に、吠えたりソワソワしたりと奇妙な行動をします。ネズミはその家で火事が起こる前日迄に、その家から逃げ出して居なくなるそうです。何か良からぬことが起こるのを予知して逃げ出すのでしょう。ダーウィンの進化論を信じるとすれば、人間の脳と動物の脳は同種であるはずですから、人間も地震や火事を予知できる知能を持っているはずです。でも現実には、家が倒れたり焼けたりするまで寝ていて、焼け死ぬ事さえあります。人間が動物の様に身に起こる危険を予知する事はごく稀です。それは人間の脳が犬やネズミのそれに劣っているのではなく、反対に動物の脳よりも、もっとたくさんの思考を付け加えて来たので、その沢山の人間独特の脳が、犬やネズミが持っているような原始的な頭脳の上に覆いかぶさり、原始的機能を押さえつけているのではないでしょうか。

疲れ果てた時、眠らなかった時、仮死状態になった時に異常な幻想を見ることがあります。それは後天的に付け加えてきた脳の部分が働かなくなって、その下にある原始的な頭脳だけが機能し始めたからではないでしょうか。

人間が持つ優れた想像力や論理的頭脳は、科学やテクノロジーの発展に貢献してきました。そして何年か後には、その論理的頭脳は人工知能にとって代わられるかもしれません。でもその奥にある原始的な知能も、金属とプラスティックで作れるのでしょうか。

お坊さんは頭を丸坊主にしています。何故でしょうか。自分が俗世間を離れていると自他に言い聞かせるためでしょうか。昔、キリスト教の修業僧も頭のてっぺんを剃っていましたし、ユダヤ教の信者も其処を小さな帽子で隠しています。何か頭の頂きは霊的なエネルギーと関係しているらしいです。超能力の研究家に言わせると、魂の修行をすると内的エネルギーが陰部から上の方に登り、頭のてっぺんにつかえてクラクラして来る場合があるので、そうならない為に髪の毛を剃ってエネルギーの循環を良くするのだそうです。

アメリカ人の脳神経外科医ペンフィールドは、患者の癲癇手術をするため頭蓋骨を開いた時に、ある実験をしました。脳のいろんな部分を電極で刺激し、患者が何を感じるかを調べたのです。脳には痛いという神経が無くて、針を突っ込んでも痛みを感じることがないので、その時にどんなことを感じているかを自身で描写することが出来たのだそうです。その実験の結果分かった事は、刺激する場所によって、患者は今忘れてしまっている昔の情景や匂いなどをまるでその場にいる様に、ありありと思い出すことが出来ました。つまり過去に起こった事、感じたことを全て脳は保存していますが、我々は通常、そのほんの一部しか思い出せずにいるということです。電極で脳に刺激を受ける事によって、その記憶が意識の上に現れて来たのです。

脳がもし通常、思い出せる事より、もっと沢山の情報を持っているとしたら、その過去の全情報から割り出した考えは、我々が意識出来る情報で割り出した考えとは随分違ったものなのかも知れません。

自分の過去のわずかな情報で自分の人生や自分の性格を理解したつもりになっていますが、本当はもっと違った人間なのかも知れません。

この事から推察すると、演技をする際に、役の性格を掘り下げるなどということがよく言われていますが、自分自身がどう言う人間かわからないのに、役の性格を掘り下げるなどほとんど不可能だと思います。

そもそも性格などというものはないと思われます。我々は日頃、思っている事と全く違ったことを口走ったり行動したりすることが度々あります。脳は外から受け取った情報に瞬間的に反応し、過去未来と関連づけずに作動しているようです。脳が紡ぎ出す瞬間的な思考は論理的であるとは言えず、その行動や思考から性格を分析しようとしても正しい解答は得られないでしょう。ですから舞台でも、その瞬間瞬間に役柄にしたがって、思った事、感じた事を演じて行けばいいのです。演じている役が総体的に見てどんな人物か分からなくても、その役の行為の部分部分を演じて積み重ねて行く事によって、結果的には観客が「あの人物は、かくかく、しかじかだ」とその人なりに解釈してくれるのです。ですから、その人物への解釈は観客各人が違っていてもいいのです。本当は明瞭な性格描写など存在しないのですから。

私生活に於いても、僕への評価はまちまちです。「笈田は馬鹿だ」「笈田はケチだ」「笈田は賢い」などなど。でも、その評価はなんの意味もありません。僕は脳から受け取った、わずかな情報だけを頼りに瞬間瞬間を生きているのですから。未来や過去なども人間の想像力が創った幻想です。物理学的にみると、本当は今この瞬間の一点しか存在しないのだそうです。他人はその無数の点のつながりを観察して、僕がどういう人間か規定してくれますが、それは僕とは何の関係もない人物像だと思います。

近年、小津安二郎の名作、『東京物語』をスイスの演出家が舞台化し、僕は、かの名優、笠智衆の演じた父親役を仰せつかって、フランスやスイスを巡演して来ました。

その公演中に、他の役者から「ヨシ、久しぶりに演技をして、楽しんでいるか」と聞かれました。そこで僕は舞台で演じている時の自分の気持ちを振り返って、楽しんでいるかどうかを考えてみました。分かった事は、芝居が始まって舞台に上がっている間じゅう、ここで上を向くのか下を向くのか、ちょっと右寄りに身体を向けるのか、左寄りに向けるのか、ああ、僕の娘が出て来た、可愛いなと思う。でもその女優が台詞をゆっくり喋りすぎるので、僕は少し早めに喋らなければ芝居がダレる。妻が死んで、その思い出話をし始めようとしたら胸が詰まって来る。そんな瞬間瞬間の思考や感情、役者としての身体の動き、物言いの音とかを考えて、細かい事に熱中しているうちに芝居が終わっていました。気がついたら一時間半舞台に出ていて、中心人物を演じていました。各瞬間を緊張して演じて来たので、楽しんでいると意識する暇がなかったのです。ただ終わった時は、「ああ、無事に終わった」とホッとするだけです。

舞台以外の生活でも、それと同じことではないでしょうか。自分の人生は不幸だと嘆いたり、幸せでありたいと願ったりしますが、それは自分の過去と未来の虜になっているからで、今この瞬間だけを充実して過ごしていれば、過去を嘆いたり、わかりもしない未来の事を心配する必要はありません。禅語に「日々是好日」という言葉があります。僕もその時その時を大事にして生きて行こうと努力するのですが、ついつい過ぎた事を後悔したり、明日のことを心配したり、今

小津監督 映画『東京物語』の舞台化

日を大事に過ごせないのがまことに残念です。

芝居を作る上で大切なことの一つは、質の良い作品を作ろうとすることです。

では、どうやれば質の良い芝居を作れるのでしょうか。

その明確な答えは僕には判りません。ですが、質の良いものが出来た瞬間を味わったことは有ります。

ピーター・ブルック演出『テンペスト』の公演中のことです。評判が良く、終演後は友達が楽屋に来て「とても面白かった」と褒めてくれました。しかし、ある日、ブルックが楽屋に来て「開演中は楽屋で雑談をしないで、舞台で起こっている事を観察し続けなさい。」と注文が出されました。我々はその言葉に従って、私語を交わさずにじっと舞台で起こっていることに耳を傾け、自分の出番がきたらすっと舞台に出て行きました。終演後、例によって友達が楽屋を訪れてきて、その日は「面白かった」の代わりに「とても感動した」という言葉を受け取ったのです。平生の「面白かった」が「感動した」というお褒めの言葉に変わりました。その日は別に台詞や動きが変わったわけではありませんが、舞台の演技が「質の良い」ものだったからでしょう。あくる日は勿論、また楽屋でべちゃくちゃ喋り始めたので、「面白い芝居」にもどってしまったのですが。

舞台での動きは質のいいものであるべきです。僕は舞台で行う全ての行為を丁寧に演じるよう心がけています。水を一杯飲むにしても、まずは指でそのコップの感触を味わい、それを持ち上

ピーター・ブルック演出『テンペスト』

げる時に全身の神経をそれに集中し、コップを口にあてた時にその感触を唇で確かめ、水が舌の上に流れ込むのを感じ、そしてそれが喉を通り過ぎて行く。その行為の細部を丁寧に追って行きます。それが質のいい演技だと思っているからです。

ところが日常生活はどうでしょう。喉が渇いたら、ただ水をゴクリと飲むだけで、その過程を感じることなど面倒くさくてやっていません。たぶん舞台と同じ様に、各瞬間の行為に集中して、その事に小さな喜びを味わって行くならば、日常生活の喜びはもっと違ったものになるでしょう。

一九九一年に、勅使河原宏監督の『豪姫』という映画で、秀吉の役を演じました。当然ながら、秀吉が自らお茶を点てるシーンがあったので、お茶点ての稽古をしました。数日の稽古の後、師匠が「では、今日はひとりでお茶を点ててごらんなさい。」と仰しゃったので、その師匠の為に「お点前」全行程を一人で続けていきました。

お湯の煮え立つ音を聞きながら、茶碗に抹茶を入れ、塊りになっている抹茶をこまかく竹匙でくだいていきます。その時、その抹茶がなんとなくいとおしく思われました。そこへお湯を注ぐ時の音を楽しみ、茶筅の動きと、その音に意識を集中して、ついに泡の点った美しいお茶ができあがりました。それを師匠に差し出すと、「おいしそうなお茶が点ちましたね」というお言葉を頂戴しました。僕は別に美味しいお茶を点てようと思った訳ではなく、ただお茶を点てる一挙一動に集中していただけなのです。それが結果的には、お客様にとって、美味しそうなお茶と感じられたのです。結果を考えなくても道程を丁寧に過ごして行けば、いい結果は、自ずとやって来るのだと判りました。

近年、キリスト教の信仰をテーマにした遠藤周作の小説『沈黙』の映画化、マーティン・スコセッシ監督の作品『沈黙‐サイレンス‐』に出演しました。

スコセッシはブルックリンのイタリア街で育ったイタリア系アメリカ人です。彼は信仰深いクリスチャンの家庭に生まれ、両親からキリスト教的教育を厳しく受けて育ったのだそうで、未だに信仰心が強く、過去にもキリスト教についての映画を撮りましたが、この『沈黙‐サイレンス‐』は十年以上の準備期間を経て、ようやく実現した作品だそうです。

これは日本のキリシタン禁制の時代、島原の乱が鎮圧されて間もない頃、二人の若いポルトガルの司祭が日本で消息を絶った、彼らの恩師であるフェレイラ神父を探す為に密かにマカオから九州に上陸して、恩師を探し出そうとするお話です。僕は彼らを最初にかくまう隠れキリシタンの長老、イチゾウという役を演じました。イチゾウはついに役人に見つかり、マリア像を踏まされ、キリスト像に唾を吐きかけろと命令されますが、それを拒否したので、十字架に架けられて殺されてしまいます。

不思議なご縁で、僕は九〇年代の終わり頃に、『アジアの瞳』と言うポルトガル映画でその時代に生きた実在の人物、今は聖人に列されて長崎に像のある「中浦ジュリアン」という司祭の役を演じました。彼は昼間は隠れて、夜になるとこっそりと外に出て布教し、ミサを行っていまし

マーティン・スコセッシ監督『沈黙-サイレンス-』　（配給：KADOKAWA）

たが、最後には役人に見つかって穴吊りの拷問に架けられて死んでいくのです。

これらの役を演じて興味深かったのは、目に見えないものの存在を信じて、その見えないものの為に苦しみ、命を投げ出して死んでいくという人間の行為です。撮影の最中に、信じるということはどういうことなのか、を考え続けました。

脳は偉大ではあるけれども、間違った情報を我々に伝えている事もあるようです。人間の思考は不確かなものなのです。脳自体の反応の癖、神経の流通の混乱などによって間違った行動を取らされたり、考えさせられたりしているケースが神経医によって報告されて居ます。

九〇年代のはじめに、ピーター・ブルックの作品『ザ・マン・フー（The Man Who）』に出演しました。この作品は、頭脳に故障のある人々の症例を集めた神経学者オリバー・サックスの本『妻を帽子と間違えた男』を劇化した芝居です。僕はその劇中で神経障害のある患者を演じました。その患者は、見るもの全ての右半分しか認識出来ず、ひげを剃る時にも鏡に映った自分の顔の右半分しか剃りません。そして睡眠中に自分の左足をベッドの中に発見して、その異様な物質は気持ちが悪いのでベッドの外へ投げ捨てようとしますが、ついでに自分もベッドから落ちてしまいます。

神経科の症例では、片方の腕の神経を失った患者が、その腕は自分のものではないと言い張るケースも有ります。また反対に統合失調症の場合、自分の知覚情報が外からきたものと思いこみ、有りもしないものを本当に存在していると思ってしまうケースが有ります。自分にとって執着が有るものは実際には存在しなくても、有ると思い込んでしまうケースです。死に別れた女房

ピーター・ブルック演出『ザ・マン・フー』

がいつもそばにいると思って架空の妻に話をしたり、子供が欲しいと思って想像妊娠をするという例はよく聞きます。

このような臨床例をみると頭脳は何時も現実を正しく伝えてくれるとは限らないようで、信じるということがいかにあやふやなものであるかがよくわかります。

また普通の人には見えないものを、「存在するもの」として実際に見たと言う人もいます。霊感者が遠くのことや未来が見えたり、瞑想中に偉大な光景が現れたり、癲癇の発作をおこして光が見えたりして「私は神を見た」という人が沢山います。ある新興宗教の入信者が入信と同時に、知らないうちに麻薬を飲まされて異様な光景を見て、それを神様の現象だと思って、教祖を信じるようになったということが日本にもありました。

光を見て、その光景を表現したものが、教会のステンドグラスや密教の曼荼羅図だと思います。人間の意識が「神」をつくるのです。

また魚や鳥がいつも仲間達と行動を共にしているように、人間もある集団に所属して一緒に行動する事を熱望しています。流行と言う現象がそうでしょう。そして、もし現実社会で疎外されていると感じて孤独に陥った場合、社会とつながる為に、ある教団に所属し、天国という素晴らしい永遠のコミュニティに所属しようと願います。その為には自らの命を絶つことも厭わないのです。

頭脳は常に快楽を求めています。食べる事、性行為をする事、そして素晴らしい想像をすることです。これらは頭脳の強い欲望だと思います。だから天国にいけると思うのも、頭脳の快楽の一種です。

こう言えば本当に神の真理を知っている方達にお叱りを受けるでしょうが、僕はこの世には三つの真実があると思っています。

「私の真実」「あなたの真実」そして「ザ・真実」です。

僕は未だ「ザ・真実」を知らないから、こんな不遜な事を書いているのです。

イスラム教の神秘主義、スーフィズムにこんな有名な話が有ります。

ある日、蛾が集まって、あのお城の窓の中に見える蝋燭の炎とはいったいどんなものだろうという議論を始めました。一匹の蛾がお城の窓のところまで飛んでいって、外から中を覗いて蝋燭の炎を眺め、どんなものか皆に報告しました。すると、賢明な蛾の長老が「それでは少しも明瞭ではない」というので、二匹目の蛾が飛び出して、窓からお城の中に入り、炎に近づき、自分の翅で炎にちょっと触れて、その少し焦げた翅を見せながら、皆に炎の説明をしました。しかし、長老は「その説明ではまだはっきりとはわからない」と不満足でした。そこで三匹目の蛾が飛び出して、狂気のごとく炎の中に飛び込み、真っ赤に焼け、炎と合体して焼け死んでしまいました。それを遠くから眺めていた長老が言うには、「彼は知りたいと望んでいたことを手に入れた。しかし、彼だけがそれを理解したのだ。それだけだ。」

一番目の蛾は、知的に理解しようとしました。二番目は皮膚感覚での理解を試みました。三番目はそれと融合して、言葉ではなく、身を投げ出して真実を理解しました。真実は知的な言葉では表現出来ないものなのかも知れません。

ものの真実は言語だけでは説明不可能なのかもしれません。釈迦もイエスもムハンマドも、木の下、砂漠、洞窟で瞑想して、「ザ・真実」を悟られました。山を歩いたり、海を眺めてザ・真実を得られる人もいます。身体には、脳以外の別の理解力を備えているのでしょうか。

知性、思考、認識は全て脳によるものでしょうか。

サボテンは動物に食べられないように、針や毛を生やしています。サボテンは脳を持っていないのに、このような知恵はどこから来たのでしょう。馬は生まれると同時に四つ足で立ち上がります。誰からも教わらないのにそうします。これらは遺伝子に思考があるからと考えられないでしょうか。身体は遺伝子で出来ています。だから、身体にも脳にも頼らない別の思考があると言えないでしょうか。

## ［ 胸 ］

「胸が踊る」「胸がわくわくする」「胸騒ぎ」「胸の痛み」「胸苦しい」「胸がすく」「胸が熱くなる」「胸が塞ぐ」これらの表現は全て感情の状態を表したものです。俳優の大事な仕事の一つは感情表現ですから、感情を起こす胸の動きは演技の重要ポイントです。

たまには演技が良く出来たと思う日が有ります。

終演後、演出家が楽屋に来て「ヨシ！　今日の嘆き悲しむシーンは素晴らしかった。悲しみが身体全体から溢れ出ていた。明日も今日みたいに演じてくれ」と言われると、とても嬉しいものです。けれどもその次の日にそのシーンがやって来て、演出家の言葉を思い出し、「ああ、此処で昨日と同じ様に悲しくならなければならない」と昨日と同じ気持ちになろうとするのですが、努力すればする程、焦って来て、悲しいと感じるどころではなく、ますますうわべだけの冷めた演技になってしまいます。どうすれば昨日と同じように演じられるのでしょうか。

聞くところによると、現代の心理学では「思考」と「感情」と「姿勢」は不可分の関係にあるという説が有力だそうです。成程、嬉しくて気分がいい時には、胸が上に突き出し、考えも楽天的になります。反対に悲しいときには胸が下がって後ろの方に引っ込み、気分も悲観的になります。胸を張って「俺は悲しい。死んでしまいたい。」とは思わないでしょうし、胸を落として「俺は才能がある。将来、大成功するだろう。」とは思わないでしょう。つまり「胸の位置」は「感情」及び「思考」と不可分の関係にあるようです。だから舞台で毎日、同じ悲しみのシーンを演じるとき、昨日と同じ感情を呼び起こす努力をするよりは、胸の位置を昨日と同じ位置に持って行く方が簡単です。そうすれば、昨日と同じ感情が湧いてくるはずです。

この方法は日常生活でも利用することが出来ます。

悲しい事件があって塞ぎ込む時は「何をくよくよするのだ。それも人生だ！　諦めてしまえ」

と自分に言い聞かせて、諦めようとするのですが、なかなか諦めきれません。自分の感情とか思考とかは、そう簡単に変えられるものではないのです。そんな時、舞台の演技と同じことをします。外に出て、両手を大きく広げ、胸を突き出し、目と口を大きく開いて空をみつめ、その姿勢で暫く居ると、「まあ、これも人生だ。又良いこともやって来るに違いない」となります。

道行く人を眺めていると、本当に一人ひとりの歩き方が違うので、とても愉快です。その人たちの姿勢に癖が有るからです。

生まれたときには、どの赤ちゃんも大体、同じ様な動きをします。しかし、歳をとるに従って個人差が出てきます。それを通常、個性と言っていますが、本当は各人の癖が鮮明になっているに過ぎないのです。犬や猫は何歳になってもほとんど同じ様な動きをします。それは犬や猫の思考や感情が単純なので、お互いの差が少ないのだと思います。人間は生まれてからの家庭環境、教育、その他の社会でのありかたの違いで、思考や感情がかたよって来ます。だから身体の姿勢もかたよって来ているのです。生まれたての赤ん坊の時に持っていた、自由な感情や自由な思考というものを失って、自分の枠と言うものを作り、自分の存在の仕方を狭めているのだと思います。なんとも残念な事です。より大きな自由を取り戻し、自由な発想、自由な心を持てれば、人生がもっと楽しくなるでしょう。それには思考や感情を変えようとするよりも、姿勢の癖を取り除く努力をすればもっと簡単に自己解放が出来る筈です。「姿勢」の癖を直せば思考感情の癖もなくなり自由な人間になるでしょう。僕は俳優をやっているので、姿勢の癖を直す努力をしています。そのお陰で、日常生活も自由に過ごせるようになればいいなと願っています。

坐禅などで瞑想をする時には背筋を真っ直ぐ垂直にするように指導されます。この姿勢は日常あまりしない姿勢で、この珍しい姿勢を取ることによって、日常あまり考えもしない思考方法や、感情が湧いて来る筈です。心の平安は外からやって来るものではなく、もともと自分の中に持っているものです。しかし、外からやって来る強い刺激や、自分の中で起こることに強く反応すれば平安を見失ってしまうでしょう。姿勢の改革によって、刺激を静かに受け止め、自分の中の平安を取り戻すことが出来れば、大きな心持ちが外からやって来て、自分を広げてくれると思います。

動物はすべて、背骨を水平に保っていますが、なぜか人間という動物だけは、それを垂直に立てています。体は寝ている時や、死んだ時には水平ですが、起きている時には垂直です。引力によって大地の方に引っ張られながらも、天に向かって垂直に伸びているのです。人間の腰骨の構造は他の動物と同じように四つ足で立つように出来ているのに、人類の祖先が二本足で立って、上半身を垂直にするようになったばっかりに、尾骶骨と仙骨の関係に無理が生じ、多くの人が一定の年齢になると腰痛に悩まされます。

いちがいに垂直といっても、小さな部分でいろいろなバリエーションがあります。犬を見てください。いきり立った時や怒った時には尻尾を立てて、尾骶骨が上を向きます。反対に怖がっている時には、尻尾が股の中に入り、尾骶骨が内側に曲がります。人間も同じで、若い時には尾骶骨がぴんと後ろに出て胸が突き出ていますが、歳を取ると尾骶骨が垂れ下がり胸が塞いできて、負け犬のような腰つきなります。そして、バランスを取るために前屈みの姿勢になります。僕は平生、年寄り臭く見えないように、尾骶骨を外に突き出すよう心がけていますが、舞台ではいつも年寄り役なので、尻尾を内側に入れるようにしています。

ある能楽師が能の姿勢は、尾骶骨を天に向け、ヘソが大地に向くようにして構えるのだと言いました。成程そうすることによって声を尾骶骨から背骨を通って上に吊り上げたり、その声を喉から胸を通って下腹に下げるのに便利な姿勢です。

このように能楽師やオペラ歌手は背骨の方にも気をつかいますが、そのために初心者の場合、胸にも力が入って身体がこわばってしまいます。それでは自由な演技が出来ません。腰をしっかりと決めて、しかも緊張なしに姿勢を正しくするのは訓練が必要です。

昔、直立不動という言葉が有りました。首、肩、背骨、脚を垂直にまっすぐ立てて、びくとも動かない姿勢です。今でも会社の上役に対してはこの姿勢を取ります。バックボーンがしっかりしているとか言われるように、背骨は人間存在の根本で、背骨と人格は深い関係にあると思われてきました。考えが曖昧だと身体つきもしっかりしていません。しかし、反対に直立不動で緊張しすぎると、考えが頑なになり、思考の自由が失われます。演技と同じように真っ直ぐで緊張していないのが理想の姿ですが、そうなるためにはやはり人生修行が必要なのでしょう。

一休さん曰く、人間は操り人間のようなもので、生まれてから死ぬまで、紐でピンと張って、繋がっているが、死ぬと紐がだらりとなってしまう。この紐の張り具合は筋肉によるのでなく、魂が引っ張っているのだ。

## ［ 腹 ］

昔、西洋人は自分の命を絶つ時に、ピストルで頭を撃ち抜きました。日本人は腹を切りました。西洋人は自分の存在の中心を頭と考え、日本人は腹と考えていたからでしょうか。「腹の据わった人」「腹黒い人」「腹と腹の探り合い」「腹に収める」と言うように腹は何かしら人格の源泉の様に思われている様です。西洋人も「人間の奥底」「人間の深み」と言う時には腹を押さえます。腹が人間の重要な部分であるという認識は、東西を問わず誰もが持っているようです。

古典芸能を習うと、まず最初に言われるのが「腹に力を入れろ」という事です。すべての動き、すべての発声は腹からやれということです。そんな事を言われても、どうしたら腹に力が入るのか分からないので、「さらし」を腹に巻いて「うん！」と力を入れて稽古を続けました。けれどもあまり力を入れすぎて、とても疲れました。そして長年腹の事を考えて、力を入れて苦しい思いをして居るうちに、結局「力を入れる」と言うことは「きばる」事ではなく、「腹に集中し、腹を全ての中心にする」ことではないかと思うようになりました。そうかと言って力を抜いてしまうのではなく、やはり「力」が入っていなければなりません。そこがまことに微妙なところで、未だに上手く腹に力が入っているのかどうか定かではありません。

現代劇でも、舞台で台詞を喋るときに先ず「腹から声を出せ」と言われます。そして立ち居振る舞いも「腹から動け」と言われます。

「腹」とは、ヘソ下三寸、丹田と言われているところです。訓練の結果、舞台で歩く時には足が前に進むのではなく、丹田が前に進むと思った方が綺麗に歩けることを発見しました。立つのも座るのも膝でするのではなく、丹田を上り下りさせると思うのです。回るときも丹田を回そうとすれば身体は勝手に回ります。月を観るにも、花を観るにも、まずは丹田がこれらを観ます。その方が舞台で動きに説得力があり、美しく見えます。「演技の間」を取る時にも、腹に「ウン」と力を入れます。

ある禅の高僧が「坐禅で無になるにも、力のない無は駄目で、腹に力のある無でなければなりません。」と仰しゃいました。これはもう謎々のようで、僕もそんな境地を味わいたいものです。「腹に力を入れる」という事が未だに判っていませんが、それでも生かじりの「腹意識」のお陰で随分と得をしました。

煙草を止めたかったのですが、なかなか成功しなかった時に思いついたのが、「腹」の事です。吸いたくなると、「ヘソが温かくなるかな」と腹に意識を集中すると、吸いたいと思う欲望が消え失せました。最初の日は一日中ヘソの事を考えていましたが、一週間もすると一日に一回だけヘソの事を考えるだけで、煙草を吸わなくて過ごせるようになったのです。

大事な人に会う時に、緊張で肩が上がります。困難に陥ったときも、肩が上がります。舞台にあがった時にも緊張して、肩が上がります。いくら自分に「落ち着け！　リラックスしろ!!」といいきかせても、緊張を和らげるのは難しいのです。そんな時には肩を下ろして、腹に意識を集中すると、すこしは緊張感が和らぎます。

「腹の据わった人」とは、つまりこういう腹の状態を維持出来る人のことを言うのだと思います。

「合気道」を習った時に、初めて「気」と言う言葉を知りました。

その言葉は中国から渡って来ました。大変つかみ所のない言葉ですが、身体から湧き出て来る目には見えない生命力のようなものを言うのだと思います。

そして発見したことは、日本語には随分と「気」のつく言葉があるという事です。「元気」「病気」「陽気」「陰気」「強気」「弱気」「気持ち」「天気」「妖気」、考えて行くときりがありません。

察するに、日本人は「気」によって日常生活が作用していると考えて来たのでしょう。

「気」はどうやら丹田のあたりから出て来るものと考えられている様です。「腹」は野原の「原」

と同じ響きです。つまり、腹からでてくる気は、外に広がるエネルギーで大気と繋がっていると理解されたのでしょう。ところが、「気」は自分の中から湧いて来たものではありません。「大気」つまり宇宙にある気から「おすそわけ」をして頂いて、それが「腹」というステーションを通ってまた宇宙に出て行くのです。

現代では人間の心持ちを心理学や神経学で分析して、「気」についてはあまり議論はされません。しかし俳優業をやっていると、他の俳優さんから「気」の偉大さを見せられることが度々です。歳をとって身体が動きにくくなった俳優や、高熱でふらふらした俳優、家庭で悲しいことがあって沈みかえっている俳優さんたちでも、舞台に出たとたんにしゃんとなって立派な演技をするのをしばしば見てきました。

また近所に火事があって、自分の家にある家具を持ち出し、火事が収まって、家具を家の中へ戻そうとすると、こんな重いものをどうやって動かしたのだろうと呆れるくらい、重い家具だったと言う話があります。一大事に及んで、人間は思いもよらない力を発揮するらしいのです。これは「気」の力だと思います。

では、われわれの持っている筋肉ではない「気」と言う、見えない不思議な力をどうやって奮い立たせることが出来るのでしょうか。

僕の考えられる事は次の三点です。

背骨と、呼吸と、想像力です。

気は神経の作用だと思うので、頭脳から全身に送られる神経の通路である背骨は、常に解放されていなければなりません。気を発しようとする時には、必ず呼吸をともなうべきであるとも言われています。いろいろな呼吸方法がありますが、何分にも目に見えない気の事ですので、どの方法が有効であるのかわかりません。確かなことは、その時の呼吸は想像力を伴う必要があると言うことです。手から水が吹き出ているとか、息と共に口から火がでるとか、自分の存在が相手の中へ入っていくとか、いろいろな想像が使われています。

第二次世界大戦の最中、オランダで沢山の人が収容所に入れられました。収容所では病気になっても薬が貰えないし、医者に診てもらえる訳でもなかったので、収容された人たちが彼らの間で行った治療法と言えば、病人を両手で抱きしめ、抱擁によって病人の苦しみを和らげるという方法でした。抱きしめたことによって出てくる気が薬だったという事でしょうか。大切な事は、抱きしめる時に大きな愛情でもって抱きしめる事だそうです。そうする事によって、気が相手に伝わりやすくなるのでしょう。

武道でも勿論、「気」が大切で、それについてのたとえ話が有ります。

あるとき、大きなネズミが家の中へ入って行きました。

厚かましくも家の中を見回し、居心地が良さそうだとわかると、ぬけぬけとその家に住み始めたのです。

その大きなネズミは家具を壊し、家中をめちゃめちゃにし続けたので、住人はたまりかねて猫を借りて来て、ネズミ狩りを始めました。

しかし、そのネズミは大変強くて、反対に猫に襲いかかり、猫を追い払ってしまいました。

そこで住人はもっと大きな猫を借りて来ましたが、その猫もやはりネズミに追い払われてしまいました。

そうやって次々と沢山の猫を連れてきましたが、どの猫もネズミを退治するどころか、ほうほうの態で逃げ出しました。

住人は遂に彼自身が大きな棒切れをもってネズミ退治を始めましたが、ネズミはすばやくその棒をかわして、前よりも一層部屋の中をめちゃくちゃに壊しはじめ、終いには住人に飛びかかり、顔にかじりつきました。住人がほとんど諦めようと思ったところ、ある人が一匹の猫を連れて来ました。その猫は歳をとっていて、ひょろひょろとまったく力のなさそうな猫でした。そんな猫はそのネズミに勝てそうにないので、断ろうとしましたが、その隣人が、「まぁとにかく試してみなさい」というので、その老いさらばえた猫を、ネズミのいる部屋に送り込みました。するとどうでしょう。ネズミはとたんに恐怖で身動き出来なくなりました。

猫はそのネズミをやさしく咥えて、家の外へ運んで遠くのほうへ追いやってしまいました。

そこで近所の猫は、この老いた猫のまわりに集まって、「どういう技を使ってあの強いネズミに勝ったのか」と尋ねました。

すると老いた猫は反対に、「お前たちはどんな手を使って猫を追いやろうとしたのか」と尋ねました。

ある猫が答えました。

「高く飛び上がってネズミを隅っこに追いやり、すばやく口で咥えようとしました。いままでは上手く行ったのですが、今回はダメでした。」

老いた猫が言うには「おまえは身体を上手く使って捕らえようとしたけれども、肉体の動きだけでは相手に勝つ事はできない。」

別の猫が答えました。「そのネズミを捕まえる為に、体内のエネルギーに集中して、その見えない内的なエネルギーでネズミを取り押さえようとしました。それは気のエネルギーなのです。いままではこの気でもってネズミを捕らえて来ました。」

そこで老いた猫は答えました。「もしおまえが内的エネルギーで相手を取り押さえようとしても、相手はそれに気づいて、同じ様に気で対抗すれば、おまえは相手に勝つ事はできない。」

もう一匹の猫が言いました。

「自分のエネルギーと相手のエネルギーの調和を考え、この調和によってそのネズミを捕らえようとしました。調和が取れていれば、相手の内的エネルギーが強くても、そこから相手を捕らえることが出来ます。」

老いた猫は答えました。「その調和というものは本当の調和ではない。それは人工的な意識的な調和だ。その調和で物事を運ぼうとすれば、自由な動きがなくなってしまう。肉体的技術は重要だし、内的エネルギーも必要だし、調和も必要だ。しかし、それよりも大切なのは、それを乗り越えた自由な心というものである。たとえば、水の様にどこへでも行くことが出来、なんら自分の形というものを固持しない。この自由な心があってはじめて、肉体の技術や内的エネルギー、調和というものが効果的に作用するのだ。そこへ到達すれば、ネズミの力は失われ、ネズミと闘う必要はなくなる。ネズミの方から逃げ出すのだ。相手を負かす為には、自分の意識をなくし、相手の存在に対する意識も無くす事である。その上、また単に自分の心を空洞にするということでもない。先ず第一に、空っぽであろうという意識を持たない、ただ自分の周りに起こっている事に、単純に反応するだけのことだ。」

演技の究極は「腹芸」です。

外に向かって色々視覚的に表現して見せるのではなく、全てを腹に収めて説明的に表現しない演技方法です。それを人は「深みのある演技」と称して、肯定的に評価しています。六代目菊五郎はあて振りを基本とする日本舞踊の手数を減らして簡素化し、踊りの名手と賞賛されました。勿論ただ少なく演じれば良いと言うものではありません。外を少なくした分、いやそれ以上に内面の充実を計らなければならないのです。

例えば怒りを表現する場合、「畜生」と叫んで飛び上がり、空中で一回転したとします。それで怒りを表現出来れば、次の日は飛び上がらないで回るだけで怒りを表現しようとします。それで成功すれば、又その次の日は回ることなく、ただ「畜生」と叫ぶだけにします。そして遂には叫びもしないで、ただ静かに「畜生」と言うだけで怒りを表現出来れば名人芸となるのです。バレーで今日一メートル飛び上がれたら、明日は一メートル二〇センチ飛べるように努力するというのとは正反対です。

日本の美術もミニマリズム思考です。お茶、生花も少ない事を良しとします。日本は小さな島で資源が少ないから、こう言う考えが出てきたのでしょうか。

僕も芸術の創作過程は付け加える事ではなく、削り取っていく事と考える様になりました。

ある能役者が「私の理想は、舞台でじっとして動かないで、全てを表現出来る事です」と仰しゃいました。

能が面白くないと言う人は想像力が無いからだと言う議論が有ります。僕もお客様に想像力を持って劇場に来て、想像力で芝居を楽しんで頂きたいと思っています。「難しくて、わからない」と、簡単に諦めないでください。

### ［手］

舞台で一番困るのが、手をどこに置くか、ということです。普段は感じないのに、舞台では手が邪魔です。「手持ち無沙汰」になるのです。

ではどうすれば良いのか。解決方法は見つかりません。結局、手がある事を忘れるほかないでしょう。

手をぶらりと下げると老けて見えます。胸のあたりに置くと若く見えます。

「懐手」「手かざし」「手堅い」「手管」「手並み」人間の行動には手が付きもので、舞台では手のダイナミズムが演技を華やかに見せます。

掌の形を変える事によって、身体全体の感覚が違って来ます。まず手を握って見て下さい。何かしら身体が引き締まった感じがします。今度は手を大きく開いてみて下さい。身体全体が解放されたような気分になります。ただ手だけを「グー」「パー」と変えるだけで、身体の感覚が違ってくるのです。親指を一本立てたときと、人差し指を一本立てた時の違い、掌を自分の方に向けた時と、外に向けた時との違い。指の格好を変えるだけで気分が変わります。

手は、人間の内面とつながっているようです。

仏教、神道、キリスト教で祈りを捧げる時に必ず両手を合わせます。確かに両手を合わせると心が落ち着きます。何か心が内面でまとまったような調和を感じるのです。これは神様を信じる、信じないとは関係ありません。人間の身体のあり方がそうなっているのだと思います。

また拍手を続けると体内からエネルギーが湧き上がってくるような気がします。大阪に手を叩いて病気を治すセンターがあると聞いた事があります。鍼灸の理論では手の指先は内臓と繋がっているそうですから、拍手で手に刺激を与えることで内臓に活性をもたらすのでしょう。

芝居が終わって拍手するのもこの理屈に当てはまります。公演中、観客はじっとしていて動かないので、体のエネルギーの循環が悪くなっています。そこで手を叩き続ければ、エネルギーの活性化の助けになるわけです。ただし、能では演能の余韻が失われるので拍手はご法度です。

コーヒーを飲んだ後、すぐ水を飲むと口に残っているコーヒーの後味が失われてしまうのと同じ事です。水を飲まずに後味を永く楽しみたいもので、演能のあと拍手をしないのも理解できます。

我々腹が痛くなると手を腹に当てます。歯が痛いと、頬に手を当てて「歯が痛い‼」と言います。手を当てると痛みが和らぐということを無意識のうちに知っているからです。病気治療のことを「お手当て」とも言います。戦後の日本の新興宗教の多くは「手かざし」による「病気治し」で信者を集めました。また、病人の背中をさすってあげると気持ち良さそうです。掌からは何かエネルギーが放出されているのでしょう。イエス・キリストも手をかざして信者の病を治したと聖書にあります。彼は無料で治療したそうです。

インドで言うムードラ、真言密教で言う手印では指でいろんな形を作って、その形によって手から出てくるエネルギーが違い、そのエネルギーによって自分を変えたり世の中を変えたりできるというのです。

ある剣道の指南が、ある日、一人の弟子に言いました。「お前はよく稽古に励み、立派な武術師になった。今日はお前に免許皆伝を授ける。この巻物を受け取れ。」弟子は大喜びで、巻物を有難く受け取って我が家へ向かいました。うちに帰るなり早速その巻物を押しいただいて、おもむろに広げ始めました。しかし開けども、開けども巻物は白紙でした。その弟子は絶望しかけた最後にやっと、一行の言葉を見つけました。「小指に意識を集中すべし」。

能の極意も小指に力を入れる事だそうです。小指に力を入れても観客には気づかれず、尚且つ体内に気力が起こるらしいです。

ついでですがワイングラスを持った時、小指をちょっと宙に浮かせるのは女性の特技のようです。

人類はこの手で素晴らしい創造をつづけて来ました。生活器具、家、乗り物、機械、美しい絵、彫刻。楽器による美しい音楽、美味しいご馳走。他の動物が到達出来なかった生活の喜びを作ってきたのです。しかしまた一方では残酷な暴力、破壊もこの手で行って来ました。手が無ければきっと平和な生活が訪れるでしょう。でも、大変不便な世の中になることは間違いありません。

## 〔足〕

足の演技も俳優にとって重要ですが、手ほどには有効な使い道が沢山あるわけではありません。「千鳥足」、「足軽に」、「足が重い」、「足蹴にする」。これらは足の動き自体というよりも、心の内面状態を表した表現です。

哺乳動物は通常四本足で立ちますが、人間は哺乳動物でありながら二本足で立つ事に決めました。

他の哺乳動物は四本足で歩くのでバランスが良いのですが、二本足の人間は立つとバランスが悪く、歩く時には瞬間的には一本足になりますから、フラフラする危険がいつもあります。舞台で「しっかり立つ」と言うのは想像以上に難しい事です。勿論人生でも心身ともにしっかりと立つのは舞台以上に難しいことです。

武道や能ですり足をするのは、歩く時にバランスを良くするためかと思われます。能の秘伝に「土踏まずに力をいれろ」とあります。これは当然舞台で起こる緊張をやわらげるために、土踏まずに意識を持って行って、肩の力を抜き、上半身をリラックスさせて舞台姿を自然に見える工夫かと思われます。長年、舞台を踏んでいると無意識の内に舞台の床を摑んでいる様です。何事も経験を積むと「板につく」といいますが、舞台では、まさに足元が基本です。

**立つ**

足に根が生えて地中に入って行き、頭のてっぺんに糸を付けて天の方に引っ張り上げると立ち姿になります。天と地の両方から引っ張られている感じ、身体の中に天地に伸びる一本の線があるわけです。

興味あることは、二本の足の置き場所、間隔によって気分が変わる事です。演技で足をいろいろな間隔で立ってみました。両足をぴったりとそろえると非常に改まった感じがします。両膝の間を五センチぐらいの間隔に広げると特別に意味のない、自然な感覚になります。足を肩幅にすると何かこれから行動を起こそうという気になります。肩幅よりも広く広げると、闘う時のような気張った感じになります。その他、足を前後に広げたり、内股にしたりすることによって、いろいろと内面の感覚が違って来ます。足の位置は内面の感覚を変えるのです。

椅子から立ち上がる時には、イギリスのアレキサンダー・テクニックが良いようです。つまり立ち上がる時に、足で立ち上がるのではなくて、頭のてっぺんが上斜め前に登っていく気持ちで立ち上がるのです。

武道や古典演劇では、立ったときに重心を前に置くようにします。武道では前に重心を置くと動作が速くなり、芸能では舞台姿に迫力が出ます。歩く時も前にのめりこむ寸前の様な身体状態にすると迫力が出ます。逆に、重心を踵に置いて後ろよりの姿勢をとると、ゆったりとした人間だけれども、場合には怠け者に見えることもあります。

娘の婿が決まったら、その婿の靴を調べろと言う話があります。その婿の靴の先の方がすり減っている場合には、その男はせっかちなところがあるけれども野心家で、成功する可能性がある。婿としては将来性があるから結婚させろ。反対に踵がすり減っている場合には、その男は怠け者で見込みがないから嫁にやるな。

すべて重心を前におく人間は行動的で、活力があります。

坂や階段を上がる時には、足を上にあげていくというのではなくて、身体の重心を前に倒す様な状態に置く事によって、自然と足が前の方にのぼって行き、疲れが少なくて済みます。

**座る**

膝を曲げると座る姿勢に成ります。正座、あぐら、立て膝、しゃがみ、椅子座り。

武道ではあぐらは好まれません。あぐらをかくと、敵が掛かってきた時、立ち向かうのに時間が掛かるからです。正座のほうがすぐに闘う姿勢になりやすいのです。

能では座る時は左足を少し後ろに引いて座ります。これが陰の座り方で、狂言では右足を後ろに引いて座ります。これが陽の座り方です。前進するときには能では左足から進み、狂言では右足から進みます。何故でしょう。狂言は喜劇で陽、能は悲劇で陰としておきましょう。

上に高く飛び上がりたいときには、深く膝をまげて下へさがってから、飛び上がります。前に勇ましく前進するときには、まず身体を少し後ろに引いて、突進していきます。どの動きも、反対運動と一対に成っています。反対運動を伴わない行動は、何か味気ないものです。相手を抱きしめるときにも、まず手と胸を大きく広げ、後ろに引いてからぎゅっと抱きしめると、感情のこもった表現となる気がします。

**歩く**

歩く時には、先に述べた天地に引っ張られている一本の線を前進させようとすれば綺麗な歩き姿になります。前へ進む時、足で進むか、頭で進むか、臍で進むかの違いによって、感じが違います。バランスの取れたいい格好で歩きたい場合は、臍が前へ進むと思うのが一番良い様です。

歩くのは普通まっすぐですが、曲がる動作も有ります。

**回る**

回るのには、左回りと右回りが有ります。右の方向に、つまり時計回りにぐるぐる小回りすると、何か身体の内から力が湧いてくる様な気がします。反対に左に小回りすると、身体の力が抜けてゆったりとした気分になります。

日本の軍隊では「回れ、右!!」と命令し、「回れ、左!!」は聞いたことがなかった様な気がします。これは右回りをすることによって勇気を奮い立たせる意図があったと思います。ナチの旗印を見て下さい。鍵形の模様の先は右回りです。反対にお寺のサイン卍まんじは左回りです。ダービッシュのぐるぐる回りも左回りです。心を鎮めるためには左回りがいいようです。これは自分で試して見ましたが、成程、回ってもサインを眺め見ても、右回りと左回りで体内のエネルギーの違いが感じられます。気分を引き立たせるためには、まず右にぐるぐると回ると効果的です。

このぐるぐる回ると言うのは子供の頃、遊びでもよくやりました。クラクラして、フラフラになるというのは気持ちの良いものです。赤ん坊は泣いている時に揺らしてもらうと泣き止みます。それから高く上げてから、すっと下に降ろしてもらうとケラケラと笑って大喜びします。ヒヤリとする感覚を子供の頃から心地よいと感じるのでしょう。大人になると誰も赤ん坊のときのようなことをやってくれませんから、自分でクラクラする方法を見つけます。酒やタバコを飲むことです。それでも足りなくて、麻薬をやる人もいます。

アフリカでは、ドラムに合わせて頸骨、背骨、尾骶骨を同時に蛇のようにぐねぐねと動かしてセルフ・マッサージをやります。長時間続けるとフラフラして来て、酒や麻薬を飲んだときと同じような効果があるのです。

**繰り返し**

文化の違う国々で、その国なりの繰り返しのエクササイズがあります。まず日本では願いを叶えてもらうために、お寺でお百度周りをします。お堂のまわりをぐるぐるとまわって、願いを叶えてもらうのです。

祈りの言葉「南無阿弥陀仏」「南無妙法蓮華経」。これを繰り返すと、ご利益が有ると言われています。

密教では一つの真言を百八回繰り返します。何故百八かというと、百回でいいのですが、それでも後八回余分に唱えるのは念を入れるためだとか。

座禅では、座っている最中に一から十までを繰り返し数えます。

キリスト教の修道院では、中庭の回廊を祈りながらぐるぐる回る作法があります。

トルコではダービッシュの回転運動があり、ドラムに合わせて回りながらお祈りをするのです。


これらの繰り返し運動は、フラフラとする効果以外に、どんな成果があるのでしょうか。その結果は、一人ひとり違うかもしれませんが、なんらかの効果が得られるのは確かだと思います。でないと、こんな単純で面白くもない繰り返しを、どこの国でも何百年と続けてやっているはずがありません。「何故そんな事をするのか」とお坊さんに聞いた事が有ります。答は「その理由を知るためにそれをするのだ」と。その効果を知りたければ、その行為をやってみるより他にすべはないのでしょう。

世の中には、言葉や書物では理解できない真理があるのらしいのです。それを知るためには言葉ではなく、身体の行動を通して近づいていかなければなりません。そして、その理解に達した時に「悟り」を開いたと言われています。「悟り」とはどんなものか知りませんが、そこに到達すると人生がとても素晴らしいと感じるそうです。僕もその「未知」の「道」を進みたいと思いますが、怠け者のせいで「悟り」とは大分遠いようです。

最後に、俳優の道具である身体の重要な箇所を並べてみます。俳優の動く時のエネルギーは肛門からやって来ます。役の心は丹田です。全ての動きは身体の中心である臍から始まります。感情は胸元から湧きおこります。喋るときの出発点は喉元です。全ての台詞は眉間に現れるイメージから発せられます。そして演技のインスピレーションを頭頂から授かり、頭頂から演技を宇宙に広げていくのです。

肛門、丹田、臍、胸元、喉元、眉間、頭頂、この七つのポイントは、前に述べたヨガのチャクラと同じ箇所です。

# VI

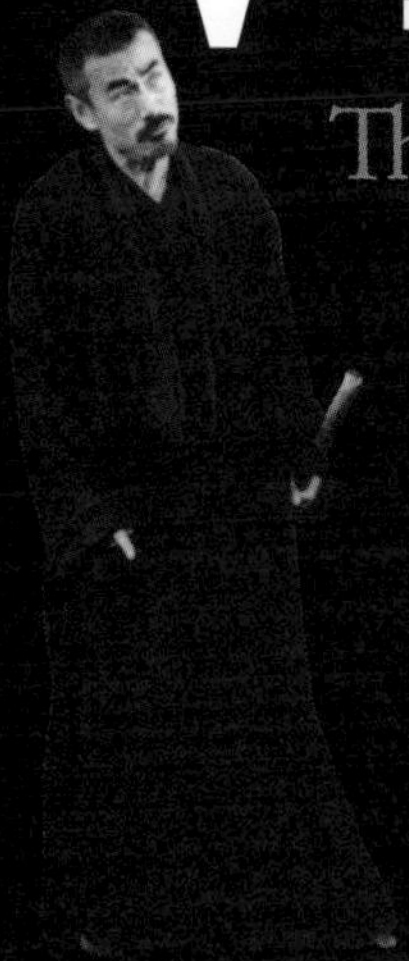

## The Invisible Actor

Oida Yoshi

開演前に舞台の袖で、客のざわめきを聞き、そっとカーテンの隙間から客席を覗いてみる。この瞬間が俳優業をやっていて、最も幸せな瞬間です。そうは言っても観客がチョロチョロとしか居なくて客席が寒々としている時は、気落ちがしますが、反対に満員の時には本当に心が浮き浮きとして来ます。何れにしても、今夜の客柄を見定めるのが大切な開演準備です。年寄りが多い時には「このズドンと落っこちて居そうな客をどうやって高揚させればいいのか。」若者の多い時は「この若者の好奇心をどうやって満たしてあげられるのか。」理想は老若男女混合の客席風景で、それぞれに世界の違った人々を一つにする事が、演劇の存在理由なので、「どうやって、ここに一体感を生み出せばいいのか」と俳優としての闘志を湧かせます。昔はその共同体意識はお寺や神社で体験できましたが、今ではお祭りとか新年の初詣に残っているだけなので、どうにかして、それを劇場で今、ご来場の皆さんに味わって欲しいと願っています。

人からよく聞かれます。「舞台に出る前はドキドキしますか」「はい、勿論ドキドキします。」でも、そのドキドキの仕方が今と昔とでは違ってきています。昔は舞台に出る前に「台詞を間違えないかしら」「僕の演技を良いと思ってもらえるかしら」「稽古したことを舞台で上手くできるかしら」「此処で上手くできないければ、もう仕事を貰えなくなる」などなど、沢山の心配ごとが降って湧いてきてドキドキしていました。しかし今では、「間違えたら間違えたときのことだ。」「僕の演技は、どうもがいてもこんなもの」「失敗も愛嬌のうち」「仕事が貰えなくなれば、引退すればいい」という考え方に変わり、気が楽になりました。でも、やはりドキドキするのです。理由は「芝居の神様が降りてきてくださるかしら」という不安があるからです。もし演技中に芝居の神様が降りて来てくれなければ、稽古中に決めたことをただ機械的に演じるだけで、大変味気ない舞台になってしまいます。反対に、幸運にも神様が僕に降りて来て下されば、稽古をしたことを基にして、無心で役に生きることが出来て、夢のような世界が展開して行きます。

どうすれば神様に降りてきて頂けるか、その方法は未だに摑めません。ですから、日本では楽屋の入り口に着いたら、そこにある神棚にお祈りをして、舞台を無事つとめられるようにお願いして、ご降臨を願います。しかし、西洋では神棚がないので舞台に出る前は深呼吸をしてみたり、軽く身体を動かしてみたり。それでも神様が降りてきてくださる保証はありません。舞台で演技をするのは自分の力ではなく、上から降って来る神秘的な力のおかげなのです。

舞台に出る前に、なぜ僕はこの仕事をやっているのか、自問自答します。勿論好きだからです。でもそれだけではない筈です。何のために、何が目的なのか。

## 十代半ばに考えたこと

芝居をするのは戦争の悲劇や資本主義、社会の矛盾を暴露するため。

何かプロパガンダの要素が必要でした。演劇をする行為は観客に娯楽を与えるだけではなく、この社会を浮き彫りにして、より良い社会を作る出発点を示したかったのです。解りもしないのにマルクス・エンゲルスをかじり、ブレヒト演劇論を読んで、夏休みには友人たちと原爆被害者の言葉を組み合わせたシュプレヒコールを演じました。チエホフの『桜の園』は革命を予測する芝居かどうかを議論し、その革命が成功したソビエト・ユニオンはユートピアのように思えました。

## 二十代半ば

リアリズム、プロリタリア演劇はさて置いて、観念劇を成立すべきだと思いました。

社会運動は必要だけれども、それは劇場という狭い空間で、遠まわしに主張するのではなく、直接外に出て、デモをするなり、革命を起こすなり、具体的な行動が必要だと思われたのです。その反面、いくら社会が改善されても、それだけでは人間は幸福に感じるとは限りません。戦時中、物がなく、電気が暗くても、幸せと思える瞬間があったのです。今は物資が有り余り、世界有数のお金持ち国家になりましたが、不幸を嘆き、自殺する人が沢山います。人間のこの摩訶不思議な内面を見つめ、掘り起こし、そこにある苦悩からどうやって抜け出せるのか。そのヒントを劇場で見つけられようにすべきだと思いました。そして、その理解の出口として、ジャン＝ポール・サルトルの実存主義に憧れ、ベケットの戯曲に感動しました。

## 三十代半ば

「演劇とは」「観客とは」「俳優とは」という問いを発して、その答えを探るピーター・ブルックのプロジェクトの研究活動に参加して、新しい演劇の行く道を考え始めました。

その当時の行きづまっていた演劇状態の中で、今までの芸術的行為を捨てて、もう一度その源泉に戻り、新しい演劇の方向を探っていこうとする、ブルックの考えは非常に魅力的に思われました。演劇とはどんなものかという先入観を持たない観客の前で何かを演じ、その反応をもとに演劇を理解し直そうというのです。そこで演劇に縁がない中近東やアフリカの田舎を訪れ、観客の反応を見ながら即興劇を進めて行き、演劇の本質を探って行きました。（この詳細は『俳優漂流』に書いてあります。）

**四十代半ば**

自分の劇団を作って、革命的演劇を実現しようという野望に燃えていました。

念願叶って、ついに自分の劇団「ヨシ・アンド・カンパニー」を作り、アメリカ、ヨーロッパ、中近東を巡演しました。ブルックと研究活動をした結果、演劇とは「観客」と「俳優」と「宇宙のエネルギー」の三角関係で成立するものであると自分なりの結論に達し、取り上げる主題もスピリチュアルと繫がる作品を選びました。つまり演劇は俳優が何かを演じて、観客はそれを見て楽しんだり、考えたりするだけにとどまらず、それが人間の魂にまで響き渡り、何か見えない世界との交感につながるべきだと思ったのです。従って取り上げる作品は既成の戯曲でなく、「チベットの死者の書」ダンテの『神曲』、『古事記』、「公案」、スーフィズムの「メヴラーナ・ルーミの詩」などの劇化を試みました。因みに第一回目の一座の座組は、全員見えないある何かを信じている人たち、神官、僧侶、武道家、能楽師と僕でした。

## 五十代半ば

食べていくのに必要なお金を稼ぐため。

夢であった自分の劇団で、自分の作・演出をし、無事公演を終えたので、これが終着点だと感じました。そして、劇団を支える人間関係は複雑で、ぼくには劇団のボスになる資格がないと気づき、一座を続ける勇気が無くなりました。また演出家としても、師匠のブルックが天才すぎて、凡才の僕が演出するのは馬鹿げているとも思えて来ました。また自分がどれだけ出来て、どれだけ出来ないかの限界も判ったので、これ以上、演出も俳優も続けることに何の意味も感じられず、演劇を続ける気力が無くなりました。けれども止めてどうするのか。山で茶碗など焼いて暮らしたいとも思いましたが、それを売って食べていける自信もなく、結局はお金を稼ぐには役者を続けるしか方法がないという結論に達しました。「茶碗が焼きたければ趣味としてやればいい、役者で食べられるのは運がいい、感謝すべきである」。そう考えて役者を続ける決心をしました。とはいえ、役者や演出は線香花火の様なもので、その場ではパッと咲いて、華やかなものの様であるけれども、後には何も残らない。今まで何をやって来たのか。手元には何も残っていない。その寂しさと空虚感の中を漂っていましたが、その時期に、幸いにも『俳優漂流』を書く機会をもらって、生まれて初めて自分の本が出来ました。そのお陰で「ああ、やっとこれで何か手に触れるものを作って人生を終えることが出来る」という喜びと、生き続ける勇気が出てきました。

## 六十代半ば

再び演出の仕事も続けようと言う気持ちが湧いてきました。

その理由は、もう演出はやらないと決めたものの、他の演出家の仕事を見ていると、余りにも酷い作品が多かったので、ブルックには及ばないとしても、こんな酷い作品よりはマシなものを作れるのではないかと思う様になったのです。昔のように演劇の革命を起こすなどという大それた事は考えず、慎ましく質のいい作品を作ることを心がけました。お客様に作品を見てもらうことによって、目に見えない何か質の高い時間・空間に、観客をお連れするバスの運転手になりたいと考えたのです。

オペラの演出を手掛けたのも、この頃です。フランスのエックス・アン・プロヴァンスのオペラ・フェスティバルで、ベンジャミン・ブリテンの『カーリュー・リヴァー』というオペラを演出しろと言われて、クラシック音楽に無知な自分であったけれども、何事も経験だと思い、引き受けました。幸いにも批評家を始め皆さんから好評を頂いて、それ以後オペラの演出もするようになりました。その時、多くの人から「お前の演出は音楽的だ」と言われましたが、クラシック音楽に全く無知でオペラに興味の無かった僕がどうしてそんなに好評を受ける演出が出来たのか、不思議でした。しかしよく考えてみると、能楽を随分長い間稽古していたので、音楽劇の型式、演者の生理が分かっていたからだと理解しました。能楽も音楽あり、芝居あり、ダンスありで、オペラの日本版なのです。ジャーナリストからよく質問をされます。「俳優として舞台、映画。そして演出家として演劇、ダンス、オペラ。色々と分野の違う仕事をしていますが、その違いはどういうことでしょうか。」答は「この仕事をするのは人間の心の揺らぎを観客と一緒に味わう為です。俳優としても演出家としても、言葉、歌、ダンスを通して人間の神秘を表現する事です。」

## 七十代半ば

演技、演出を通して観客に心の洗濯をして頂くため。

ある日、ブルックに質問しました。「昔は生きる糧として演劇をしていました。今は生きるとはどういう事かが少しずつ解ってきて、演劇がなくても毎日を幸せに過ごせる自信が出てきました。もう演劇をしなくても生きて行けますが、それでもまだ演劇を続けようとしています。貴方もまだ続けていらっしゃいます。何故でしょうか」。彼の答は「演出すると一時間はダライ・ラマになれる。役者ならば十分間ダライ・ラマになれる」でした。成程、ダライ・ラマの講演会に参加した人たちは話の内容はさて置き、彼のそばに居ただけで、無常の幸運感を味わうようです。何か見えない魂の喜びを感じるのでしょう。でも、僕は十分間でもダライ・ラマになれる自信はありません。せめては観客に演劇を通じて心の洗濯をして貰い、清々しい気持ちになって頂くお手伝いをしたいと思ったのです。神社やお寺はその役目をしているようです。劇場もそれに近いものでありたいものです。

**八十代半ば**

子供心に帰るため。

歳を取ると子供のようになるとよく言われますが、僕もご多分にもれず、そうなって来たみたいです。十歳ぐらいの時、歌舞伎、文楽が大好きで、頻繁に劇場通いをしていました。しかし子供は劇場に一人では行けないので、母親同伴でしたけれども、あまり頻繁に行きたがるので、母親に「忙しいから駄目!!」と宣言されて、代わりに女中との劇場通いになりました。しかし夜には劇場に行けませんでしたから、昼間学校をサボって劇場に行かねばなりません。母親は受け持ちの先生に電話を掛けてくれました。「今日息子は熱があるので学校を休ませていただきます。」

歌舞伎は日本版のミュージカルです。いまオペラ演出をしているのは劇場通いをした子供時代の楽しみをもう一度、味わい直して居るのだと思います。一方では青年時代の野心も忘れ難く、演劇をするなら宗教、戦争、政治、経済の問題とかかわりたいと思っています。

**九十代半ば**

もし奇跡的に生き永らえて、まだ芝居を続けているとしたら、何を考えているでしょうか。「雀百まで踊り忘れず」という有難いことわざが有るように、なおも踊り続けているでしょうが、もう何のために演劇をやっているのか判らなくなっているかも知れません。ただその瞬間を楽しみ、苦しみ、生きていられる喜びにふけって居られれば幸せだと思います。

# VII

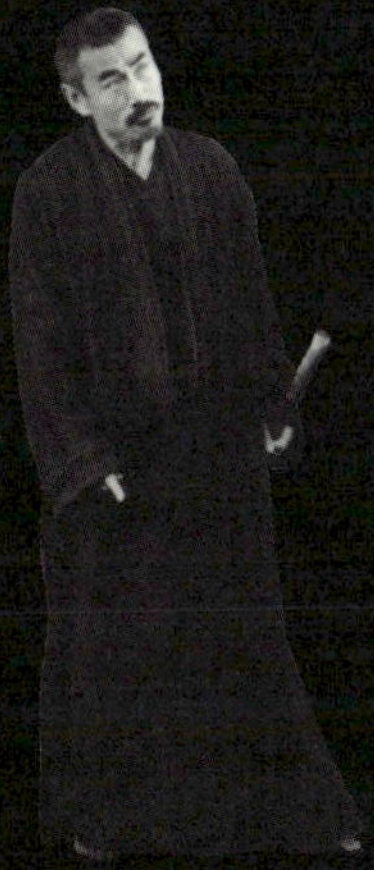

## The Invisible Actor

Oida Yoshi

小学校に上がる前、僕は忍術映画に夢中でした。特に気に入っていたのが喜劇スター、エノケン（榎本健一）が演じるところの猿飛佐助でした。

エノケンが大きな杓子を胸の前に捧げて、呪文を唱えると、ラッパの音とともにマグネシウムがパッと燃えて煙が立ち上り、その煙が消えると、そこにはもう、エノケンの猿飛佐助は居ません。そしてしばらくすると、エノケンがまたもやパッと現れて、天井や壁をすいすいと歩き回るのですから、もう堪らなく痛快な映画です。ウルトラマンや仮面ライダーなんかなかった時代ですから、忍術使いは僕にとっての偉大なヒーローだったのです。

あげくの果てには猿飛佐助に憧れて、「忍術使いになりたい！　パッと消えて、見えなくなりたい！」と無理難題を言って母親を困らせました。ついに彼女は一計を案じ、黒い人絹の風呂敷で袋を縫って、僕に言いました。「この袋の中に入ってごらん。そしたら見えんようになれるから。」そこで僕は早速その袋を被って畳の上に這いつくばると、「アレ！　ヨシが消えてしもた!!何処へ行ったんやろ??」と慌てふためく母親の声が袋の中まで聞こえて来ました。僕はもう嬉しくて嬉しくて、ケラケラ笑いながらパッと黒袋から出ると、「あれまあ、ヨシはそこに居たんかいな。どっかへ消えてしもたかと思て心配したけど、まあそこに居てくれてよかった、よかった。」と、安心そうな顔を見せてくれました。僕は本当に自分が消えてなくなったと信じたわけではありませんが、兎に角、この即席忍術ごっこが大変気に入って、たびたび袋の中に入って得意になっていました。

ある日、母親の友達がうちに遊びに来たので、例によって、早速、黒袋に潜り込むと、母親はいつも通りに「アレ、ヨシがおらへん！　どこに行ったんやろ？」と心配するふりをしてくれました。しかし、その友達は驚くどころか、全く事態が飲み込めず「ヨシはそこにおるやんか。どないしたん⁇」と不思議そうにキョトンとしていました。その時の僕の絶望感といったら！　恐れていた事が、ついに起こってしまったのです。魔法の黒袋はまったく嘘っぱちであることがはっきり証明されてしまったのです。それ以後、僕はもうその袋の中に潜り込んでの忍術ごっこをきっぱりと止めてしまいました。

そして今、不思議に思うのは、僕の人生で最初の夢が、消える事だったのに、どうしてその反対の、人前に自分をさらけ出す俳優という職業を選んでしまったのかという事です。

サーカスで綱渡りを見物します。演者が素晴らしいテクニックで綱を渡ります。片足で立ったり飛び上がったり、くるくる回ったり、観客は大拍手。その演者は芸が終わると、観客に向かって言いました。「実は私の息子は今年六歳で、いま綱渡りの修行中です。そして今日始めて皆様の前で、綱渡りをお見せしたいと申しておりますので、まことに見苦しい芸では有りますが、どうか息子のために、その芸をみてやってくださいませ。」

舞台にあどけない子供が出て来ました。おぼつかない足取りで綱の上に登り、用心深く歩き始めます。ぐらぐらとゆれて落ちそうになりながらも、一生懸命歯を食いしばって、一歩また一歩と前にすすんでいきます。後ずさりは難しすぎて出来ません。ただ前に進むだけです。やっと怪しげな足取りでも向こう岸にたどり着き、お客を見てにっこりと笑いました。

観客は万来の拍手です。

ここで、僕は自分に問いかけます。お父さんの芸と息子の芸と、どちらが印象的だったか。僕は息子の綱渡りの方に心を打たれました。何故でしょう。

勿論、父親のほうが芸は優れています。でも皮肉な事に、見ているうちに上手いのは当たり前だと思ってしまい、別に感動もなく、ただ楽しんでいたのです。一方息子の方は、テクニックはまずいけれども、その綱を渡っている最中の彼の心の中にある意思、緊張、不安が痛いほど観客席に伝わってきて、その健気な動作に心打たれ、自分も彼と一緒に綱を渡っているような気持ちになってしまっていたのです。彼が綱を渡り終えると、僕はホッとしてグッタリとなって仕舞いました。

子供の綱渡りに心打たれたのは、拙い芸ではあるけれども、演技を通じて、彼の「心のひだ、ゆらぎ」を感じたからです。それに比べて、父親の芸は素晴らしかったけれでも、見たのはテクニックだけで人間の心持ちを感じなかったのです。

我々演者の仕事は表面を通じて、如何に自分の中身を観客に伝え、共感してもらえるかが勝負です。それは勿論、生易しい事では有りません。

歌舞伎役者の芸に於いても同じことが言えると思います。全ての歌舞伎役者は子供の頃から訓練を重ねてきていますから、どの役者もやる事はきちんと出来ますが、それでもいい役者とそうでない役者がいます。どこがちがうのでしょうか。僕が思うに、良い役者は型から次の型へ移る時に、その繋ぎ具合を人間の心の動きで繋いで行きます。その結果として、演じている役の人間像が現れるのです。しかし凡優の場合は、その繋ぎの橋に対する考慮が足りないので、単なる型の羅列で、機械的な演技に見えるのです。

いい役者であるためには、職人としての「技術」と芸術家としての「想像力」の両者を兼ね備えていなければなりません。「技術」はある程度訓練すれば近づけるかも知れませんが、「想像力」の方はそうは簡単には行かないようです。想像には停車駅はなく、絶えず進み続けなければならないのです。世阿弥のことばに「珍しきが花」「住する所なきを、まず花と知るべし」とあるように、六百年も前に、絶えず想像力を使って新しい表現を探せと説いています。また「時に用ゆるをもて花を知るべし」とあります。絶対的に良しとされる演技はなく、その時々に効果的な表現をしなくてはなりません。時と場所、時代によって演技は変化して行かねばなりません。古典劇においてもそれは同じです。

アマチュアで趣味として芝居を演じていた時には、そんな事はお構いなしで、やりたい事を演って自分で楽しんでいればそれで良かったのです。しかし、職業となるとそうは行きません。そして実際の演技の事以外にも、色々と悩み事が出て来ます。「上手く演じられなければ、この次から仕事が貰えなくなる」という不安。「あいつは役にありついているのに、どうして自分は役を貰えないのか」というヤキモチ。先輩からは俳優としての欠点を山ほど指摘され、アマチュアの時にはあんなに楽しかった俳優業が楽しみどころか、恐怖に変わっていったのです。

僕は義太夫を七年間、稽古しました。師匠の元に毎日通い、師匠の三味線でダメ出しを受けながら二十分間、義太夫の一部を語るのです。

その稽古で一番印象に残ったダメ出しは「いてしまい！　いてしまい！」という言葉でした。関西弁で「行ってしまえ」という意味です。演じる時に、心理として、どこをも上手に演じようとしますが、すべてに力が入り過ぎると、結局はどこも際立たなくなり、上手いと感じてもらえなくなります。師匠の言葉「いてしまい！」とは、「全てに粘り着くな」という事です。力をいれずにさらりと流すところを作る事によって、重要な箇所が際立ってきます。「上手く演ろう」と考える必要はありません。俳優は無意識にもそう思って演じているのですから。必要なのは「何処をサラリと演じるか。」「どこを下手に演じるか。」です。全部上手く演じようとしたら、観客は疲れてしまいます。

世の中の移り変わりは全て、初めがあり、その発展、展開があってクライマックスに達します。春が来ると冬眠から目覚めて、すべての植物と動物は活発な行動を始めます。人間とて例外では有りません。春が来ると種蒔きをして、田植えをし、夏には稲穂が実って、秋が来ると穫り入れ、すべては枯れて冬になります。そして春を待つのです。クライマックスは終わりではなく、つぎのサークルへの準備です。朝起きて眠気を覚まし、仕事を始めて、そのあと友達と飲んだり食べたりして、うんとはしゃいで、あくびが出てきて寝てしまい、明日の仕事の精気を養います。愛の営みも同じで、ゆっくりと始まり、次第に激しくなり、遂にはクライマックスに達します。

これが自然な人間のリズムです。

音楽にも同じ法則が見られます。

中国から渡ってきた雅楽のテンポは「序破急」と言われています。そのテンポは洋楽のような一定のリズムではなく、最初はゆっくり始まって、次第に速くなり、それが最高潮に達すると、またゆっくりのテンポに戻ります。つまり「序」があって、そのテンポを「破」って発展して行き、「急」テンポに達します。そして、その「急」は次の「序」の準備となるのです。

仮に二十人の人に「目を閉じて、一緒に拍手して下さい」と注文します。最初は全員の息が合わなくて、バラバラになりながら、ゆっくりと拍手が続きます。しばらくすると息が合ってきて心地よいテンポになると、それが次第に速まっていき、最後は急テンポになり、あげくの果てには再びバラバラの拍手になって、ゆっくりになって、初めの様に、拍手が揃ってきて、拍手がゆっくりと始まり速まって行きます。スポーツの応援や劇場の最後の拍手でも、この様な流れになる事があります。人間の身体の中身に、この様な共通のダイナミズムがあるのです。これは人間の中に潜んでいる生命のテンポです。一つは脈拍のような一定のリズム、もう一つは加速です。

この法則は能にも取り入れられ、正式の能公演では番組の編成もこれに従います。「序」は儀式的、宗教的な出し物、「破」は軍事もの、女物、物狂いの三番目物、最後の「急」では鬼とか獣の能が演じられます。今はこの完全な形式で公演される機会は少なくなり、能一番、狂言一番だけで公演されることが増えてきていますが……。

世阿弥は「全ての自然現象、鳥の鳴き声でさえも序破急があり、能もその自然の法則にしたがって演じるべきだ」と記しました。演じる時には謡、台詞、舞はこの加速の法則に従います。義太夫でも、最初はゆっくりと語り始め、最後のクライマックスは急テンポで終わります。

これは歌舞伎の演技にも取り入れられています。例えば花道の引っこみです。最初は色々の所作をしてゆっくりと進み、最後はつつっと早足で花道の揚げ幕のほうに引っ込んで行きます。現代劇でも上手い俳優は自然とこの加速の法則にしたがっています。そうしないと、お客を引きつけられないからです。

人間は何時も無意識のうちに内面で人真似をしてしています。歌手の歌を聞けば心の中で一緒に歌っています。ダンサーの動きを見ると体の中で一緒に踊っています。

どんな演者でも皆が共通に持っている序破急のテンポで演じてくれれば、客は心地よく一緒に身体の中で真似が出来るのです。

世界中で最も有名な演劇のセリフは「To be or not to be, that is the question」だと思いますが、何故そんなに有名なのでしょうか。この台詞の哲学はそれほど偉大なものであるとは思えません。それでもこのセリフが有名になったのは、この言葉のリズムが心地よく、それを聞いても喋っても快感を覚えるからだと思います。そこには「序破急」のリズムがあるのです。そしてリズムだけではなく意味に於いても「序破急」があります。「TO BE」は、前提としての簡単な言葉で、特別な意味はありません（困った事に、動詞のBEに当てはまる日本語は有りませんが）これが「序」です。「OR NOT TO BE」で言葉が少し複雑になり、「あれ」と感じる意外な思考が現れます。これが「破」。そしてクライマックスの「急」「THAT IS THE QUESTION」が来ます。言葉が更に複雑になり、意味も「ああそうだったのか」と、はじめてハムレットの考えが理解できるのです。

このようにうまくできた「序破急」の構成は、音を聞くだけで快感を覚え、そのハムレットの心持ちを印象的に伝えます。

自動車を運転するときには、ギヤをはじめ「1」にいれて発進させ、そのときガソリンをたくさん消費します。そして車が動き始めると、ギヤを「2」に入れ変えて、調子が乗ったら「3」に変え、ガソリンの消耗も少なくなっていきます。

我々が何事を行うにも、最初はすごくエネルギーがいります。そして上手くスタート出来れば、だんだんと調子に乗って、上手く発展していくのです。いい「序」を見つければ、後は自然に発展して行きます。人の一生もいい「序」を見つけて、質のいい「序・子供、破・おとな、急・老人」を見つけて行けば、より味わい深い一生が過ごせるでしょう。

舞台では演じている役、例えばハムレットと俳優笈田が同時に存在しています。ハムレットは嘆き悲しみ、悩んで怒り、様々な感情の中に生きていますが、俳優笈田は悩み悲しまずに、冷静にその自分のハムレットを観察して演じ続けています。「ああ、今日は悲しみの感情が一杯湧いて来て、本当にハムレットが狂おしく見えるだろう。しめしめ！」とほくそ笑んでいます。ハムレットと笈田の気持ちは全く反対です。また、舞台で雨のシーンに本水を使えば、役者はずぶ濡れになって「ちくしょう、雨が降ってきやがった。」と怒り狂いますが、役者としては「ははぁ、お客さんは本物の水が降って来て、真に迫った雨降りのシーンが見られて喜んでいるぞ！」と嬉しく思います。

ところが実生活ではどうでしょう。傘無しで外出して、雨が降って来ると困りはてて不愉快になりますし、恋人にふられれば泣き悲しんで喜びの心持ちなど何処にも有りません。

それは日常生活では自分がある役を演じていて、俳優の自分もそばに居ると思っていないからです。日常生活で怒ったり、悲しんだり、悩んだりするのは、芝居ではなく、それが自分自身だと思っているからです。僕は日常でも、ある役を演じていると思うように努力しています。それが成功すれば、雨が降っても腹が立ちませんし、恋人に振られても自殺するほどの悲しみにはなりません。自分を主観的と客観的の両方で観察すれば、違った思いが現れるはずです。それがより気楽に生きられるコツだと思っています。俳優はその自己の二重性を舞台で演じて、訓練を重ねているので、毎日の生活でも、普通の人よりは容易くそう思えるのかも知れません。しかし、それではまだ十分ではないでしょう。その主観と客観を持ったのちに、そんな事に無頓着になった時に、初めて、本当の「解放」がやって来るでしょう。

僕はかつて「悟りを開いた数少ない禅僧の一人《ひとり》」と言われた偉大な禅老師、故中川宗淵師にお会いした事が有ります。フランスの俳優の為に、座禅のワークショップを開きたいと思い、その講師として若いお弟子さんをパリに送って頂けるようお願いに伺ったからです。老師のお住まいは三島にある龍沢寺でした。新幹線の三島駅で降り、タクシーに乗り、「澤地の龍沢寺まで。」と告げて、山門に着いたときには、もう陽は暮れかかっていました。そこからは車で入れないので、タクシーを降りて、細いコンクリートの参道を歩いて上って行きました。ふと下を見ると稲を刈り取った裸の田んぼが広がっているのが眺められました。やがてはるか向こうに寺の入り口についている裸電球が見えてきて、やっとお寺にたどり着き、典座に案内されました。

老師が出ておいでになったので、「フランスで行うワークショップの講師として是非お弟子さんをパリにお送り頂きたい。」とお願いすると、目をつむってお聞きになったのち「考えておきましょう。」とお答えになって、それから抹茶を点てて下さいました。老師は立てたばかりのお茶をご覧になって、「あぁ、今夜は茶碗の中にたくさんのお星様が出来ました。このお星様を全部ぐっと飲み干しなさい。」とおしゃったので、頂いた茶碗の中を見ると、なるほど大きな抹茶の泡が電気に照らされて、赤、青、緑と色とりどりの光を放っていました。僕はそれを素直に星だと思って飲み干すと、今度は祭壇に案内されました。等身大のお坊さんの彫刻が、掌に金色の玉をのせていたのを見つけたので「あの玉はなんでしょうか。」と尋ねると、答は何と「あれは貴方の魂です。」

そして障子を開けて、「貴方は芝居をやっているのだから、禅寺の舞台装置をお目に掛けよう。ご覧なさいこの庭を。芝居の舞台装置以上に立派でしょう。」その庭は手入れのよく行き届いた、石、水、植え木で山水を描く典型的な禅のお庭でした。「今は十二月だというのに暖かいですね。三島の気候はいつもこう暖かいのでしょうか。」と僕が尋ねると、「いや、今日は貴方の心が暖かいから、そう感じるのです。」「帰りのタクシーを呼んであげましょう。暗くなったから、下の山門まで私がお送りしましょう。」そう仰しゃって、タクシーを注文してから、懐中電灯を持って外へ出られました。

老師は空を眺めて、「ああ、今夜は綺麗な星空がいっぱいに広がっている。時々このように星を眺めるといいですよ。お祈りを一緒に唱えましょう。」「お祈りの言葉を知っていますか」とお尋ねになったので、「ええ、まあ般若心経ぐらいなら。」と答えると、「そんな長いのは要りません。南無大菩薩で十分です。」と仰しゃって、大声で「南無大菩薩、南無大菩薩。」と唱え始められた。僕も一緒に大声で「南無大菩薩、南無大菩薩。」と唱えているうちに、何故だか判りませんが涙がボロボロ溢れ出て来ました。タクシーがやってきたので、別れを告げて車に乗り、駅に着くまでの間に、ふと今まで起こった事を考えてみました。結局、頼んだ事の確かな返事は何一つ貰えず、やれ「星を飲め」だの、「金の玉は貴方の魂」だの、「貴方の心が暖かいから気候が暖かく感じる」とか、子供騙しのような話を聞かされたあげくに、僕は涙を流した。そしてさっき山門についた時の僕と山門を離れた今の僕とでは、全く違った爽やかな人間に変わっている。何か催眠術の様に、僕の「感」が「動」かされたらしい。

演劇の効用とは客が劇場に入ってきて、出ていく時にその心持ちが爽やかに変わるという事です。それと同じ事が今そこで起こったのです。老師は僕を変えてしまった。察するに、老師の巧みな演技に僕は引っかかったらしい。「結局、彼は僕が無意識に望んでいる事を見つけて、その欲しいものを与えてくれた。彼は偉大な役者だ。僕もあんな風にお客の心の奥底に喜びをあたえられる役者になりたい。」と思ったのでした。

# VIII

## The Invisible Actor

Oida Yoshi

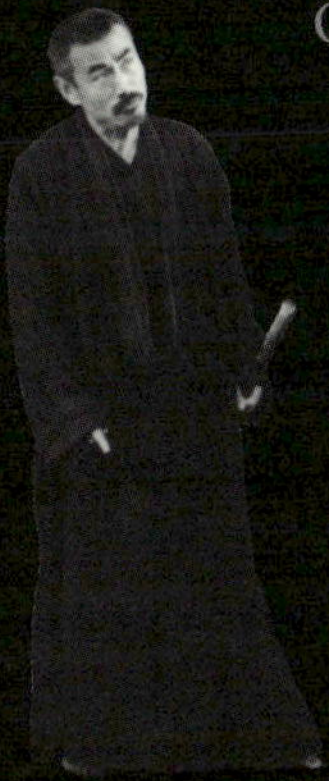

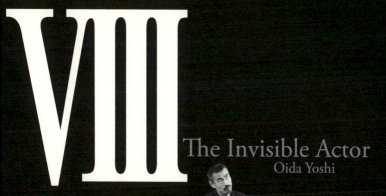

芝居が終われば、幕が下りて、僕の演じた人物は消えて無くなります。けれども俳優笈田は幕の後ろにまだ残っています。私服に着替えて劇場の前にあるカフェに行くと、そこには客席にいた人たちがたむろして、今見た芝居の感想を述べあっています。僕も其処でビールを飲んでいると、親切なお客が僕のところにやって来て、お世辞かどうか判りませんが、「よかったよ。」と褒めてくれます。勿論僕は笑顔で「有り難うございます。」と言いますが、その時、僕はチャーミングな俳優笈田を演じているのです。それからその親切なお客さんたちに別れを告げて外へ出ると、俳優笈田は消えて無くなり、なんでもない笈田がぼそぼそと我が家へと向かいます。

家について歯を磨くために洗面所へ行き、目の前にある鏡を見ると、その中には老いた笈田がこちらを見ています。僕はその顔に向かって自問自答します。「お前は子供の頃に忍者になって消えてなくなりたかったのに、いまだに客の前で老ぼれた身体をさらけ出しているではないか。お前は消える事を諦めたのか」「いや、諦めてはいません。例えば、『あのお月さんをご覧よ』と言って人指し指を上げた時、台詞回しや所作の巧さを観客に見せるより、舞台にないお月さんを想像してもらえるよう努力しています。観客にお月さんが見えたと思っていただく為には、自分は消えてなくならねばなりません。観客が役者の上手下手に気を取られたら、お月さんは見えてきません。」

名優の六代目尾上菊五郎曰く「お月さんをご覧よと、人差し指で月を指差す所作は教えられるが、その指の先からお月さんまではお前の責任だよ。」

狂言の師匠曰く「舞台とは台が舞うという意味で、すなわち舞う態《タイ》です。演者は舞台の血となって舞台で動けば、舞台に血が通い、舞台が生き生きと舞い始めるのです。舞台は演者の芸を見せるところではありません。」

しかし、一生懸命にお月さんのことを考えても効果はありません。まずは人差し指をどんな形にして、どんなテンポで動かすかを考えることです。そうすれば、観客が勝手にお月さんを想像してくれるのです。「先を考えず、まず手元に気をつかえ」という事です。

尚も鏡の自分に向かって問いかけます。「この老人の前に幕が下りて笈田が死んで無くなっても、幕の後ろに何か残っているのだろうか。それとも、もう何も残っていないのだろうか。」

一休和尚が死んだ時、その弟子が和尚の晩年の連れ合いであったと言われている森女に尋ねました。「死とは何ぞや。」すると彼女は「先を急がるる人のことなり。」と答えたそうです。

附

# The Invisible Actor

Oida Yoshi

二〇一七年のはじめ、僕としては日本で初めてのオペラ演出をしました。プッチーニの『蝶々夫人』です。外国と違って、日本のオペラ制作は「公」の援助金や「私」の寄付金が少ないので、製作者は資金集めが大変なようでした。演出者としても装置、衣装を安くあげる為に、あれもカットこれもカットの連続でした。

僕はオペラに限らず、芝居でもダンスでも演出するときに二つの事を心掛けています。一つ目は戯曲なり楽曲なり、その原典を尊重して原作者が意図した事を出来るだけ正確に、現在のこの社会において、もっともふさわしい形で具体化するということです。演出家によっては新解釈と称して、原作をもとに彼自身の世界を展開する人もいます。今はそれが流行っているようで、それはそれで一つの素晴らしい芸術的表現方法だと思います。もっとも、上手く行けばの話ですが。しかし、僕は自分の創作のために偉大な作家が作った作品を「利用」しようとは思いません。シェークスピアやプッチーニは天才で、当然ながら僕よりずっと優れているので、彼らを僕の方に引き寄せる代わりに、僕が彼らの方に近づくことが良い作品が出来ると信じております。

二つ目は世阿弥の言葉「珍しきが花」そして「衆人愛敬を心する」事です。自分の仕事は古典の「再現」では有りませんから、観客に「見た事がある」と思われたらおしまいです。何か珍しい、そして「あっ」という驚きを提供しなければなりません。しかしそれは奇をてらうものではなくて、驚いたあと「ああ、そうか！」と納得してもらうものでなくてはなりません。そして、その珍しいものを稽古中に発見出来るかどうかが成功の鍵ですが、それとて、あまり高級で芸術的過ぎるとほんの一部の人にしか理解して貰えず、独りよがりに陥る危険性が有ります。僕はいわば高級な懐石料理を作るよりは、飛び切り美味しいラーメンを作りたいのです。シェークスピアや観阿弥は王侯貴族だけではなく、大衆席にいる一般客にも愛されました。プッチーニも天井桟敷の観客に気に入られたので、未だに上演されているのです。

さて『蝶々夫人』の演出ですが、アメリカの将校ピンカートンは日本滞在中の楽しみとして、日本女性をお金で買い、ママゴト遊びのように結婚ごっこをする事を思いつきました。百年前の日本は貧乏でしたから、安いお金で家や女性を買うことが出来たのです。当然、日本での勤務が終わると、彼は蝶々さんを残してアメリカに帰り、アメリカ女性と結婚して、三年ぶりにその妻を連れて日本に帰ってきます。勿論、蝶々夫人に会う気はありませんでしたが、蝶々夫人に自分の子供が出来た事を知って慌てふためきます。賢明なピンカートン夫人はその子を引き取ってアメリカでいい教育を受けさせようと、その子を引き取りに蝶々さんに会いに来ます。このような行為は、お金持ちの国民が貧乏国の人々に対して持っている自然な感情の表れで、現在でもそのようなことが世界各地で起こっています。ところが、これが片や貧乏国の蝶々夫人にとっては全く別の話になって来ます。当時は白人と交わる芸者はラシャメンと言われて、みんなに嫌われていました。しかし身請けしてもらえば自由の身になれますから、相手が白人であろうが、世間から蔑れようが気にせずに、自由の身になって新しい生活を始めようと、健気にもピンカートンに身を捧げる決心をします。彼女は全てアメリカの方が正しいと信じ、仏教を捨ててキリスト教に改信し、その事に反対する家族を捨てる覚悟までもするのです。この蝶々夫人の気持ちを想像し

笈田ヨシ演出 オペラ『蝶々夫人』(上下とも)

た時、僕は終戦直後に十二歳であった自分の少年時代のことを思い出しました。敗戦国日本に大勢のアメリカ兵が進駐して来て、街では娼婦がアメリカ兵と戯れている姿があふれていました。僕の友達は「ハロー、ハロー」と笑顔で叫んで、進駐軍からチューインガムやチョコレートを投げて貰おうとお世辞を使っていました。僕も内心では喉から手が出そうなぐらいそれが欲しかったのですが、なんだかそれが惨めで自尊心が許さなかったので、遠くからそれを眺めて物貰いの仲間には入りませんでした。けれどもチューインガムをムニャムニャさせ、綺麗な洋服を着てアメリカ兵の腕にぶら下がっている娼婦を軽蔑しながらも、彼女らが羨ましくて、大変な嫉妬を感じました。学校では今まで学んだ全てのことは間違いで、日本は神国ではなく、民主主義、自由主義の国であると、新しい考え方を教えられました。何か問題が起こると、世に知識人といわれる人々が「アメリカではかくかく、しかじか」と物知り顔でお説教をたれ、全て日本のものよりアメリカのものの方が正しいと説明しました。そんな教育を受けて大きくなり、今の僕があるのです。このやるせない気持ちを、このオペラで「金持ちと貧乏人とのギャップ」の話としてどう表現するのか。

オペラの場合、指揮者が第一で、演出は二の次だと思っています。ですから、まず指揮者の意見を尊重しますが、登場人物の役の解釈や動きは演出家が決める事ができます。

歌手への注文は何時も同じです。「歌わないで下さい。言葉をメロディつきで喋っているのだと思って下さい。観客にあなたが歌を歌っている事を忘れさせ、役の人物がそこに息づいていると感じてもらうように演じて下さい。」これは歌を美しく歌うことに熱中している歌手達にとっては難しい注文であるようです。

次に注意する事は感情を決めて歌わないことです。感情を決めて歌うと表面的な、ありきたりのセンチメンタリズムに陥ってしまう危険があります。先ず楽譜を追って声にしていくと、そのメロディのおかげで感情はおのずと湧いてくるものです。メロディと合体することによって、その歌の奥底に秘められた情感が発見できるのです。

歌手に対する演出家の態度は日本の将軍に似ています。

「鳴かぬなら鳴くまで待とうホトトギス」（徳川家康）

理想はこちらの望んでいる事を歌手自身が発見して、表現出来るまで根気よく待つことです。そうすれば歌手は自分で発想した演技で、演出家の奴隷ではないと感じ、伸び伸びと演じられます。

「鳴かぬなら鳴かせてみせようホトトギス」（豊臣秀吉）

いくら待っても出来ない場合は色々と指導しなければなりません。最小限のヒントを与え、そこから演技を発想してもらいます。

「鳴かぬなら殺してしまえホトトギス」（織田信長）

いくら言っても出来ない場合は、もう諦めるより仕方がありません。なにも言わず、「ああ、素晴らしい」と褒めて、少しは良くなる事を願います。問題はどの段階で諦めるかです。

ここまでは終着点ではなく出発点です。後は作品をどう具体化するかです。最初から演出プランとして頭の中にあったのは、幕明きにゴローが大きなアメリカの国旗を蝶々さんの家に持って来て立てかけるということでした。後は全く五里霧中です。ただうっすらと目的地は想像できても、はっきりとは見えないのです。「どうしたくないか」は判っていても「どうしたい」のかは判りません。

さて、先をどう上手く発展させていくかですが、演出家の知恵などたいしたものではありません。創作の仕事は自分がするのではなく、天から降ってくるのです。演劇の神様が落としてくれるのを待ちます。早くから自分で決めてしまわないで、稽古中のひょんな出来事からヒントを得ます。演者が仕草を間違えたり、登場の位置を間違えたりして、そのお陰でとんでもないことを思いつきます。技術上の困難を処理している時にも意外な発見をする事が有ります。

かの偉大なポスト印象派の画家セザンヌさえ、自分の美的感覚以上のものを偶然から見つけようとしました。「静物」を描く時には、テーブルクロスや花瓶、花、果物、ナイフなどを考えうる限りの美しい配置に置いて、でもそれを写生するのではなく、そこから今度は自分がそのオブジェの周りを回って、自分が配置したのより、もっと美しいアングルを発見しようとしたそうです。

『蝶々夫人』の演出中にも、いろいろな偶然から、興味あるシーンを発見して行きました。かの有名なアーリア「ある晴れた日」の歌の後、とてつもなく長い音楽の演奏があるのですが、その間、蝶々さんはどうして居れば良いのか。何もしないでジッと立っているわけにも行きません。そこで、ふと思いついたのが「観客に背を向けて、肩を震わせる」という動きでした。「そうだ！　そうすれば希望の気持ちを歌ってはいるが、心の中では絶望していると言う二重性が出る」と気づきました。

最後は蝶々さんが自殺することになっていますが、舞台上での自殺はどうしても芝居じみて真実味に乏しく、そうしたくありません。しかし、楽譜には短刀で自分を突き刺す「ダダーン」という音が書かれています。自殺する代わりに、その音で蝶々さんは何をすれば良いのか。思いついたのが、最初に立てかけたアメリカの国旗を投げ捨てて、その瞬間に「ダダーン」の音がするということでした。「蝶々さんがアメリカン・ドリームを投げ捨てた」という表現になると思ったのです。

人間の真実を舞台で表現しようとする時、普通はその役の心理分析をして表現を考え出していくのですが、自分の思考には限界があります。とんでもない偶然から思いもよらない、真実にみえる表現を思いつく事があり、それがこの仕事の醍醐味です。

かって、ベンジャミン・ブリテンの『ヴェニスに死す』というオペラを演出しました。原作はトーマス・マンの同名の小説で、美しいヴェニスの街で起こるお話です。すでにこの小説をイタリアの映画監督ヴィスコンティが映画化しており、日本でも話題になりました。この映画に出てくるヴェニスの風景はとても美しく、これを舞台で表現する事は不可能です。いくら立派な装置を組んだところで、映画の迫力にはかないません。そこで思いついたのが、秀吉と利休の有名な話です。

ある日、秀吉が利休に言いました。「お前の家の庭には、今、とても美しい朝顔が咲きそろっているという噂だ。わしもそれを見てみたい。是非、それを見せてくれ。」利休は「はい、もちろんお見せ致します。明日、私の家にいらしてくださいませ。」

秀吉は大変喜んで、次の日、利休の家を訪れました。

ところが、なんと利休は庭の朝顔を全部切り取ってしまって、朝顔は一輪も残って居ませんでした。秀吉は大変怒って、「私が朝顔を見に来ると言うのに、その肝心な朝顔を切り取ってしまうとは、いったい何事だ！」と利休を怒鳴りつけました。

すると利休は「まあ、お心をお鎮め下さいませ。茶室のある次の庭にお越し下さい。」と言って、庭に案内しました。

しかし、そこでもすべての朝顔は切り取られていました。

秀吉はますます怒り心頭に達して、利休に殴り掛からんとすると、利休は落ち着き払って、「まずはこちらへ」と秀吉を茶室の中に案内しました。

秀吉がその茶室の中に入ってみると、床の間の花瓶に、庭にあった朝顔が一輪、挿してあって、それは此の上もなく美しい風情でした。

僕はこの利休の話にあるような、美的表現を真似ることにしました。出来るだけ少ない要素で、ヴェニスを表すということです。ダンサーたちが長い棒切れを一本動かすだけでゴンドラを思わせ、舞台に小さなビデオ・スクリーンを置いて、そこにヴェニスの浮標や水を少しだけ映して、客にヴェニスを想像して貰おうというのです。勿論、どんなヴェニスのイメージを選ぶかで試行錯誤や討論が繰り返されました。

結果は「細かいデテール（橋や宮殿）を避けて、イメージを闇（死の予感）の中に揺らめく水と水の反映だけに絞ったことで、主人公の永遠に繋がる一瞬の出会いを表出した」と、お褒めの言葉を頂戴しました。

日本では古くから、減らす事に依って表現を強く豊かにする事を良しとして来ました。

安土桃山時代の華やかな美術に比べ、江戸末期の禅画に見られる単純でシンプルな表現もその一つだと思います。

マチスのデッサンをみると、一旦描いたものを消し取って、最後にほんの少しの、これだけは必要だと思われる線だけを残して対象を表現しています。そこで重要な事は何処を捨てて何処を残すかですが、残念ながらはっきりとした尺度、法則は有りません。

稽古過程は演劇の神様が天から投げてくださる宝物を待つ期間です。そして初日が開いたときに、「ああ、僕はこんなものを作りたかったのだ」と初めて納得するのです。

笈田ヨシ演出 オペラ『ヴェニスに死す』(上下とも)

ずいぶん昔に、日本のある霊感者が言いました「貴方はスターにはなれません。けれども人を助ける縁の下の力持ちになれるでしょう。」成程、僕は演出する時に自分の意見を押し付けず、裏方と演者の才能を最大限に引き出すように努力しました。成功した作品は僕のお手柄ではなく、創作に加わった全ての人々の才能が上手く化学反応を起こした結果なのです。

＊

今年は第一次世界大戦が終わって百年目に当たります。僕はリオンのオペラ劇場で、ベンジャミン・ブリテン作曲の戦争レクイエム（死者のためのミサ曲）をオペラとして舞台化しました。この曲は第二次大戦中にドイツ軍によって破壊されて、一九六二年に再建されたイギリスのコヴェントリー大聖堂の献堂式のために作曲されたものです。歌詞はミサの典礼文と英国の詩人ウィルフレッド・オーエンの詩から成り立っています。オーエンは英国では有名な詩人で、沢山の人がその詩を暗唱することが出来ます。彼は第一次大戦に従軍して、若くて戦死しました。その詩の中には戦争に対する疑い、宗教に対する疑問が並べられています。彼曰く「私の主題は戦争であり、戦争の悲しみである。詩はその悲しみの中にある。詩人のなしうる全てとは、警告を与えることにある。」

以下はアメリカ合衆国第一次世界大戦記念委員会が発表した、僕に対するインタビュー記事です。

**問**：なぜベンジャミン・ブリテンの『戦争レクイエム』をもとにしたオペラを演出したのですか。

**笈田**：私は子供の頃、まわりの大人たちが戦争に行って死んで行くのを見てきました。第二次世界大戦以前も、私が生まれてからずっと日本は戦争をしていました。だから日本が大戦に負けたとき、私は悲しむどころか、とても嬉しかったのです。夜中にアメリカ軍の爆撃から逃れるために防空壕に入る必要もなく、毎晩ゆっくり寝られるようになったからです。私の家はアメリカ軍の爆撃で二度焼かれました。潜水艦の部品を作っていた父の工場も二回破壊されました。防空壕のそばにいた人が爆弾で死んでいくのも見ました。子供時代はいつも戦争や死と隣り合わせだったのです。幸いにもその後、日本では戦争が起きていません。でも、子供のころの戦争の苦しさを忘れることは出来ません。だから私はこの『戦争レクイエム』で、もう一度戦争の悲劇と向き合って、一つの儀式をする必要があったのです。

この地球上では何時も何処かで戦争が起こっています。世界中が完全に平和であったことは一度も有りません。残念ながら他の動物と同じで、人間は何時も諍いをしています。だから問題は反戦を叫ぶことより、どのようにこの人間の性《さが》と付き合うかということです。

人間は平和を保つことができないのですから、平和について語ることは役に立ちません。

このオペラは人間の本質と暴力性についての物語です。この暴力性とどう向き合っていけるのか。舞台では、戦争反対や、暴力反対という単純なメッセージを提示していません。私は人類の歴史が始まって以来、絶えることのなかったこの暴力社会で、個々の人間がどのように生きて行くのかを考えるべきだと思っています。

詩人オーエンは宗教、国家というものに疑問を抱いていました。私も宗教や政治が救ってくれるとは思っていません。哲学でさえ、救いを発見するのに役立つとは思えません。しかし、なんとかして私たちは進むべき道を見出す必要があります。しかし、舞台でどう解決方法を見出だすべきかを示すのは不可能です。それぞれの人が自分で自分の進み方を考えていくより仕方が有りません。

**問**：そういったテーマをブリテンが表現しようとしたのは交響楽で、オペラでは有りませんでした。笈田さんが交響楽をオペラに変換するにあたって、課題、あるいは差異などを感じましたか。

**笈田**：おっしゃる通り、この曲はオペラとして作曲されたものではなく、交響楽として完成されたものですから、視覚化することによって音楽の邪魔をするのではないかと心配しました。したがって、演出するにあたって音楽を壊さないように大変気をつかいました。

もうひとつの課題は、この曲が教会のために書かれたということです。劇場は人間について語るところで、神の存在を期待しているわけではありません。したがって、祭壇は有りません。そ

笈田ヨシ演出 オペラ『戦争レクイエム』(上下とも)

れに加えて、私はクリスチャンではありませんから、ミサのためのラテン語とかオーエンの詩は私にとって遠い世界です。これらのことを上手く解決できたかどうかはわかりません。見てくださる方に判断をゆだねたいと思います。

**問：**劇場のパンフレットの短いインタビューで、「戦争の暴力に対処出来るすべはあるか」と問われて「サイレンス」と答えていらっしゃいます。「我々は戦争を止められないが、サイレンスに耳を傾けて、何かを学べる」と。戦争とサイレンスについて話していただけますか。

**笈田：**サイレンスとは無では有りません。戦争が起これば、自分自身のなかに膨大な疑問、思考、悲しみが湧き上がります。そのときに叫ぶのではなく、サイレンスを求めるのです。サイレンスとは受け入れることです。受け入れるとは受動的ではなく、能動的になるのです。この社会をどのように認めるのか、この暴力的社会とどう関わるのか。気持ちや感情といった声高なものを超えて、静寂へ、深い思考へ向かいたいのです。内に起こっていることや、外から来るものに強く反応すれば、自分を閉じ込めてしまいます。それらを静かに受け止めて、内にサイレンスを見出だすことができれば、外から大きな心持ちがやって来て自分を広げて行くでしょう。

**問：**笈田さんの『戦争レクイエム』では死体を見せないように演出されています。どの死体も頭からつま先まで布で覆われているか、軍服だけで死体を表現しています。なぜ死をもっとリアルに、血や腸《はらわた》を出す演出にしなかったのですか。概して、オペラとは死に対する感情や反応をもっと生々しく表現するジャンルだと思いがちなのですが。

**笈田**：あまり生々しく表現すると、その表面に気をとられて、音楽がその伴奏曲になってしまいます。このオペラは音楽が主です。それに私は人々の想像力に火をつけたかったのです。この音楽に聞き入り、頭のなかで戦争について各々が思考をめぐらして欲しいと思ったのです。悲劇をドキュメンタリーとして見るよりも、想像力で感じて欲しいのです。知的で具体的な思想や情報を提供すれば、音楽の必要性はなくなります。音楽を聴いているときに、最低限の情報と最大限の想像力があれば、もっと深い思考に到達できると思うのです。私は自分の意見を提示したく有りません。帽子を見せても、頭は見せません。観客には頭ではなく、まず帽子に近寄って欲しいと思いました。

# あとがき

僕はパリの地下鉄ヴォルテール駅の近くに住んでいます。地下鉄から出たところにファーストフードの店がありましたが、あまり流行らなかったので店じまいをして、長い間空き家になっていました。その入り口の一畳足らずの軒下に、中近東から来たと思われる中年の男性が何ヵ月も住んでいたのです。住んでいたと言っても、何をするでもなく、いつ見てもマットの上で寝袋にくるまってビールを飲んでいました。食べ物と飲み代は通行人から恵んでもらっていたのでしょうが、あまり沢山のお恵みが有ったとも思えません。この冬はパリも随分と寒く、雪も降って、夜中はどうしているのかしらと気がかりではありました。ところがある日、地下鉄に降りようとしてそこを通りかかると、その店の前に人だかりがしているのです。何事かと思って彼のいる軒下を見ると、汚いマットや寝袋はなく綺麗にかたづけられていて、彼の姿はありませんでした。その代わりに花束とキリストと思われる絵が飾られていました。病院に運ばれて治療してもらっていると思いたいのですが、死んだのかも知れません。

今のパリでは、テロの出没する観光地区では見かけませんが、少し観光地を離れると、この様に道端の店先に寝場所を作って過ごしている人が沢山います。

移民と言っても、僕の様にフランスで仕事をしたいから滞在許可を申請する場合と、自国で安全に生活が出来ないので亡命者（難民）としてフランスに滞在しようとする場合とが有ります。亡命者を国別で見ると、アルバニア、アフガニスタン、ハイチ、スーダン、シリアからの希望者が多いようで、昨年は申請者のうち四万三千人が難民として認定されました。

これら亡命希望者は母国から逃れてきた理由を明確に申請して、仮の滞在許可を受け取ります。その中には幸せにも難民受け入れセンターに収容されるケースもありますが、大抵は路上で寝泊まりしたり、難民キャンプで過ごしています。

労働をしてお金を稼ぐ事は出来ませんが、成人には亡命手当が支給されます。その貰える金額の計算方法は非常に複雑なので、ここでは細部にわたって説明しませんが、家族に十八歳以上が一人いる場合は、その家族に九百円、十八歳以上が三人だと千八百円ぐらい支給されます。

その後、移民局はそれぞれのケースを精査して受け入れるかどうかを決め、認定した場合には保護処置として一年の滞在許可証、もしくは完全な亡命者として十年間の滞在許可を与える事になります。

認定を拒否された場合は、自力もしくはＮＧＯなどの協力を得て国外に出なければなりません。そうしない場合には強制退去となります。

フランスの北部の町カレーには、イギリスに渡ろうとする難民が約一万人も住んでいたことがあります。彼らの難民キャンプ、通称ジャングルは衛生上の理由などによって強制的に撤去されて、彼らはフランス全土に作られた約四百の「オリエンテーションセンター」に運ばれました。けれども未だにイギリスに渡ろうとして、カレーに不法滞在している難民が沢山います。

パリ市内の北部にも、違法な難民キャンプが多くみられます。一部は強制的に撤去されたりしますが、そのあとすぐ同じところにキャンプが出来て全くイタチごっこのようです。

慈善団体とのコラボレーションで、正式の難民収容センターもパリ市内に出来ました。九百平方メートルのバルーン型の建物で、四百のベッドがあります。二つ目は、パリ郊外に難民女性と子供専用の収容センターが出来ました。いずれも短期受け入れを目的として、フランス社会への適応を助ける仮の宿として機能しています。現在、その他にも赤十字やボランティア団体など数多くの組織が自主的に難民受け入れセンターを作るなどして、難民を助けています。

しかし、これらの難民救済の恩恵に預かれない多くの人々は路端で寝泊まりするしかないので、彼等の住み家が新しいパリの町風景となっています。

有り難い事に、僕には少なくとも今は平和な「自分の国」があって、帰ろうと思えば何時でもそこに帰ることができます。帰って生活に困れば、生活保護を受けられるでしょう。誠に幸せな身分です。しかし、彼らは安全に「自分の国」に住むことも帰ることも出来ず、見知らぬ国の道端で寝泊まりをしているのです。自分がそうなったらどういう気持ちがするのか想像も出来ません。彼ら難民を目の前にして、僕はどう行動すればいいのか考えあぐねるのです。もし自分が窮地に陥れば、何とか其処から抜け出そうとするでしょう。親、兄弟、子供が困れば面倒を見るでしょう。日本人が困っていれば助けようとするでしょう。そして地球上の人間が目の前で困っていれば、それを助けるのは当然なのですが、対象が余りにも漠然と大きすぎて抽象的で、そこに同じ地球上の人間であるという同志愛が湧いてこないのです。それは自分が日本人であるという小さな枠の中で、のほほんと居座っているからではないでしょうか。「身内の人間」とはどの範囲を指すのでしょうか。僕は本当の意味での人類愛を持っていないのでしょうか。

＊

さて、新しい演劇を作るためには、修行なしで自分の感覚を信じ、感じたことを自由に表現すれば良いのかも知れません。しかし、それは天才にのみ許されたことで、やはり凡優は修行が必要なのではないでしょうか。かの大天才と言われているゴッホでさえも、執拗な試みを続けて作品を生み出しました。

画家は初心者の時代に美術館で名画の模写をして、自分の絵のスタイルを発見して行きます。

俳優も肉体訓練や師匠の摸倣は必要です。しかし模倣や訓練は、その奴隷になるためにするのではなく、それを捨てるためにするのです。捨てるものがあって、初めて自分のものが発見できます。その結果からくる産みの苦しさが我々の仕事です。結果の良し悪しは自分で判断しなくても、見たお客が勝手に決めてくれます。我々はただ七転八倒してこの仕事をつづけて行けば良いのです。そのためには思考は必要ですが、思考を止めて身体の中の振動に耳を傾けることも重要だと思います。

僕は演劇という場で仲間と交わり、観客と共に時を過ごし、身体について考え、試し、そんな経験を続けて、言葉では表せない「理解」を授かったように思って居ります。

この本に書いた事は、その身体の思考の旅です。そしてこの旅のお陰で、今は「生きて、死んでいくこと」を受け入れる勇気をもらったような気がしています。

三十年前に『俳優漂流』と言う僕の初著を出版してくださった小川康彦さんが、今度もまた励ましと偉大な寛容さで出版を引き受けて下さいました。彼の変わらぬ友情と、執筆中に温かく見守ってくださった木原亜紀さんに深く感謝いたします。有難う御座いました。

笈田ヨシ

## 出版者から読者へ

この本は、著者、笈田ヨシが、かつて刊行した諸外国語版『The Invisible Actor』と『An Actor's Tricks』を踏まえ、新たにその後の経験と思索を綴ったものです。外国語版の中からピーター・ブルックの序文を、著者の畏友、木下長宏による和訳で掲載します。

### 『The Invisible Actor』「序」一九九七年

私たちがいっしょに仕事を始めて、まだ間もないころのことだった。ある夜、レ・アルで活動しているジャズ・クラブのミュージシャンに招かれたことがあった。窒息しそうな小さい部屋のたった一つの扉へみんなが殺到していくようなぎゅうぎゅう詰めの会場で、圧し潰されそうになりながら、ステージの上へ、ミュージシャンとレンガの壁のわずかな隙間に、われわれは押し込まれていた。音楽はそんなにおもしろくなかった。暑さは耐え難く、とはいえ、ゲストたるわれわれは、観客の面前にあって、終演まで逃げようはなかった。ようやく、セッションが終わって、暑さにげんなりしながら、痛む身体を背伸びさせてまわりをみると、ヨシはもはやそこにはいなかった。どんなふうにして、誰にも気づかれずに、ヨシは消えたのか。いまに至っても謎である。——ヨシとて肉と血から成る人間、われわれと変わるところがないことは承知している。だから、ヨシが消えたのは奇術《マジック》でないとしたら、なにかの技術《アート》を使ったにちがいない。

「どんな現象も数値化できないものはない」と、私の父の物理学の老教授がいつも言っていたのを、父からよく聞かされたものだった。こんにちの芸術の悲劇は、芸術が科学を持っていないことであり、科学の悲劇は科学が心《アート》を持っていないことである。偉大な能役者世阿弥の著書が英訳されて「能の秘密」とあるのを見ると、「西洋」人のわれわれがただちに思い浮かべるのは、阿片窟のもうもうとする煙のなかから現れてくる「東洋」の姿である。まったくのところ、そういう秘密は謎めいている分、神秘的でロマンティックである。ヨシ笈田は、『見えない俳優《ジ・インヴィジブル・アクター》』というすばらしい本を書いて、演技における神秘や秘密、謎が、経験の明るみに確かめられた精緻で具体的で計算された科学と切り離せないものであることを教えてくれる。

ヨシがわれわれに語ってくれる大切な教訓は明快で洗練されている。そして、そうであればあるだけ、じつは、それは目に見えないのである。すべては、明快《シンプル》なように見える。しかし、そこにこそ、問題がある。なにごとも容易いものはないのだ。それは、西洋世界と同様、東洋でも変わりはない。

『An Actor's Tricks』「序 プディングの証明」二〇〇七年

東洋では、師は決して教えない。すくなくとも、われわれ西洋人が考えているような教えかたはしない。真の師は決して説明もしない、決して指導書なぞに頼らない。彼――ときには彼女――自身が、終わりなき忍耐と揺ぎなき決断をもって成し遂げたことについての、その生きた証人なのである。

私たちの仲間の音楽家の一人が、ヨーロッパには知られていない笛の奏法を勉強しようと、インドへ渡った。いろいろ手を尽くして、ついに師を見つけた。その師は、なにも喋らなかった。彼はただ笛を吹いた。最初は単純な音をいくつか。そこへ、別の音を重ね、そうしてすばらしい、複雑に連鎖する音世界が奏でられた。毎日毎日、弟子はその真似をしようと努力した。何週間も過ぎた。彼は、吹いた。頬を膨らまし、筋肉を緊張させて。ある日、突然、ひどく醜悪な音が笛から飛び出た。それが、始まりだった。そのとき、弟子はその絶望的な経験を通過して、師の演奏ぶりをより深く聞くことができるようになった。ついにその日が来た。彼は、このうえなく自然に笛を操った。その楽器は他者ではなくなった。彼自身となったのだ。

東洋の伝統におけるどんなものも、西洋に直接適用できるものはなにもない。これが、ヨシ笈田がヨーロッパへもたらしてくれた第一の寄与である。どんな教訓をヨシは、この未知の西半球で学んだのか。その著書で、彼は寛大に、彼が探究してきたことを語りかけ共有しようとしている。彼が取り組んできた難題を、何年にもわたって彼に励ましを与えてきた経験の集積を、生きと。方法の理論を語ろうとするのではない。ヨシは教えない。反対に、彼の日々の仕事と生活のようすを、諧謔と謙虚さをもって語るのだ。——彼の生活のなかで、彼自身の考えのなかで養われたものを。

それをヨシは「機略《トリック》」と呼ぶ。しかし「機略《トリック》」なぞどこにもない。説明もない。ただ、経験だけがある。これが、真の教えなのである。

## 笈田ヨシ　主な出演・演出作品一覧(舞台の年度は初演)

### 主な出演作品

［演劇］

三島由紀夫演出『サロメ』(1960年)
木村光一演出『調理場』(1963年)
ピーター・ブルック演出『テンペスト』(1968年)
ピーター・ブルック演出『オルガストOrgust』(1971年)
ピーター・ブルック演出『アテネのタイモン』(1974年)
ピーター・ブルック演出『鳥の会議』(1979年)
笈田ヨシ一人舞台『インテロゲーション』(1979年)
ピーター・ブルック演出『マハーバーラタ』(1985年)
ピーター・ブルック演出『カルメンの悲劇』(1987年)
ピーター・ブルック演出『ザ・マン・フー』(1993年)
ヨッシ・ヴィーラー演出『四谷怪談』(2005年)
サイモン・マクバーニー演出『春琴』(2008年)
串田和美演出『三人吉三』(2014年)
ドリアン・ロッセル演出『東京物語』(小津安二郎の映画より2016年)

［映画］

青山通春監督『シリベシの秋』(1960年)
成瀬巳喜男監督『放浪記』(1962年)
ピーター・ブルック監督『マハーバーラタ』(1989年)
須川栄三監督『飛ぶ夢をしばらく見ない』(1990年)
勅使河原宏監督『豪姫』(1991年)
ジョアォン・マリオ・グリロ監督『アジアの瞳』(1996年)
『ピーター・グリーナウェイの枕草子』(1996年)
ペーター・デルプト監督『お菊さん』(1997年)
池端俊策監督『あつもの』(1999年)
ジェラール・クラヴジック監督『TAXi 2』(2000年)
ジェラール・クラヴジック監督『WASABI』(2001年)
杉田成道監督『最後の忠臣蔵』(2010年)
鴨下信一演出『歸國』(2010年テレビドラマ)
田中健二演出『大仏開眼』(2011年テレビドラマ)
サイモン・ブルック監督『ピーター・ブルックの世界一受けたいお稽古』(2012年)
マーティン・スコセッシ監督『沈黙-サイレンス-』(2016年)
滝田洋二郎監督『ラストレシピ～麒麟の舌の記憶』(2017年)

**主な演出作品**

［演劇］

『チベットの死者の書　tibétain book of dead』（1975年）
『古事記　Japanese mythology』（1978年）
ダンテ作『神曲』（1982年）
井上靖作『猟銃』（1994年）
安部公房作『砂の女』（1995年）
三島由紀夫作『サド公爵夫人』（1996年）
ベケット作『勝負の終わり』（1997年）
カミュ作『誤解』（1999年）
ジャン・ジュネ作『女中たち』（2001年）
ヨン・フォッセ作『秋の夢』（2001年）

［オペラ］

ブリテン作曲『カーリュー・リバー』（1998年）
ベルディ作曲『ナブコ』（2006年）
ブリテン作曲『ヴェニスに死す』（2007年）
シューベルト作曲『冬の旅』（2007年）
モーツァルト作曲『ドン・ジョヴァンニ』（2009年）
ビゼー作曲『真珠採り』（2012年）
プッチーニ作曲『蝶々夫人』（2016年）
ブリテン作曲『戦争レクイエム』（2017年）

［著作］

『俳優漂流』五柳書院刊（1989年）
『An Actor Adrift』（1992年）
『The Invisible Actor』（1997年）
『An Actor's Tricks』（2007年）
（以上、独仏をはじめ十数カ国語で翻訳、出版）

［受勲］

フランス文化勲章　シュバリエ号（1992年）
　　同　　　　　　オフィシエ号（2007年）
　　同　　　　　　コマンダン号（2013年）

笈田ヨシ
一九三三年神戸生まれ。一九五七年慶応義塾大学哲学科卒。文学座、劇団四季を経て、一九六八年より英国演出家のピーター・ブルック率いる国際演劇研究センターに所属。以後パリを拠点として、俳優、演出家として活動。

見えない俳優　人間存在の神秘を探る旅
二〇一八年十一月七日　初版発行
著者　笈田ヨシ
発行者　小川康彦　発行所　五柳書院　〒一〇一―〇〇六四　東京都千代田区神田猿楽町一―五―一　電話〇三―三二九五―三二三六
振替〇〇一二〇―四―八七四七九　http://goryu-books.com　装丁　大石一雄　印刷　誠宏印刷　製本　鶴亀製本

五柳叢書 106
落丁・乱丁本はお取替えいたします。